소소한 즐거움이 있는 핸드메이드

처음 하는 손뜨개

Lady Boutique Series No. 2945 HAJIMETE AMU KAGIBARIAMI
Copyright ⓒ 2010 by BOUTIQUE-SHA, INC.
All rights reserved.
Original Japanese edition published by BOUTIQUE-SHA, INC.
Korean translation rights ⓒ 2011 by Happy Dream Publishing co.
Korean translation rights arranged with BOUTIQUE-SHA, INC. Tokyo
through EntersKorea Co., Ltd. Seoul, Korea

이 책의 한국어판 저작권은 (주)엔터스코리아를 통한 일본의 BOUTIQUE-SHA, INC.와의 독점 계약으로 즐거운상상이 소유합니다.
신 저작권법에 의하여 한국 내에서 보호를 받는 저작물이므로 무단전재와 무단복제를 금합니다.

처음 하는 손뜨개

1판 1쇄 발행 2011년 2월 1일
1판 4쇄 발행 2013년 6월 25일

감수 _ 가마타 에미코
옮긴이 _ 김수연
펴낸이 _ 정원정, 김자영
편집 _ 홍현숙
디자인 _ 김민정

펴낸곳 _ 즐거운상상
주소 _ 서울시 용산구 문배동 7-6 이안1차 102동 오피스 1003호
전화 _ 02-706-9452 ㅣ 팩스 _ 02-706-9458 ㅣ 전자우편 _ happywitches@naver.com
출판등록 _ 2001년 5월 7일
인쇄 _ 백산하이테크

ISBN 978-89-92109-71-0
ISBN 978-89-92109-69-7(세트)

* 이 책의 모든 글과 그림, 사진, 디자인을 무단으로 복사, 복제, 전재하는 것은 저작권법에 위배됩니다.
* 책값은 뒤표지에 있습니다.

소소한 즐거움이 있는 핸드메이드
처음 하는 손뜨개

my first knitting

A to Z

즐거운상상

Prologue

코바늘뜨기를 처음 배우는 이들을 위한 책입니다.
쉬운 설명과 풍부한 사진, 친절한 일러스트로 구성되어 있어
코바늘뜨기를 처음 접하는 사람도 쉽게 도전할 수 있습니다.
실만 바꾸어 뜨면 사계절 모두 유용하게 사용할 수 있는 아이템을 모았습니다.
이 책을 보면서 마음에 드는 작품을 만들어 보세요.

c.o.n.t.e.n.t.s

Prologue _ 5

코바늘뜨기 배워보기
코바늘뜨기 준비물 | 뜨개실에 대해 | 실 빼내는 법 | 바늘과 실 잡는 법 _ 8

사각 모티브 _ 10

둥근 모티브 _ 17

멀티스트라이프 머플러 _ 25

심플 머플러 _ 29

귀여운 소품 바구니 _ 33

투톤 파우치 _ 39

모티브 _ 42

사각 모티브 머플러 _ 57

원형 모티브 머플러 _ 59

포푸리 주머니 _ 62

뚜껑 달린 파우치 _ 68

방울 달린 모자 _ 74

꽃 코사지 장식 모자 _ 78

깔끔한 헤어밴드 _ 80

여성스러운 미니 스톨 _ 89

포인트 핸드 워머 _ 91

내추럴 미니백 _ 97

파츠 뜨기 _ 100

꽃 장식 라리에트 _ 114

슈슈 & 꽃 모양 헤어핀 _ 117

여성스러운 헤어핀 & 코사지 _ 120

포근한 느낌의 북 커버 _ 123

심플 연필케이스 _ 126

브레이드 _ 128

브레이드 캐미솔 & 장식 가방 _ 133

장미 코사지 _ 135

기초 뜨개방법

- ◯ 사슬뜨기의 시작코 · 사슬뜨기 _ 11
- 원형뜨기의 시작코 _ 19
- ● 빼뜨기 _ 21
- ✕ 짧은뜨기 _ 13
- ┬ 긴뜨기 _ 86
- ╪ 한길긴뜨기 _ 15
- ∨ 짧은뜨기 2코 넣어뜨기 _ 22

- 한길긴뜨기 2코 떠넣기 _ 24
- 솔잎뜨기 _ 93
- 짧은뜨기 2코 모아뜨기 _ 67
- 긴뜨기 2코 구슬뜨기 _ 84
- 긴뜨기 3코 구슬뜨기 _ 85
- 한길긴뜨기 2코 구슬뜨기 _ 48
- 한길긴뜨기 3코 구슬뜨기 _ 109

- 한길긴뜨기 4코 구슬뜨기 _ 52
- 한길긴뜨기 5코 구슬뜨기 _ 54
- 피코뜨기 _ 87
- 다발에서 줍기 _ 32
- 사슬코로 잇기 _ 37
- 실 끝의 처리 방법 _ 38
- 반코 감아서 잇기 _ 58

코바늘뜨기 배워보기

코바늘뜨기 준비물

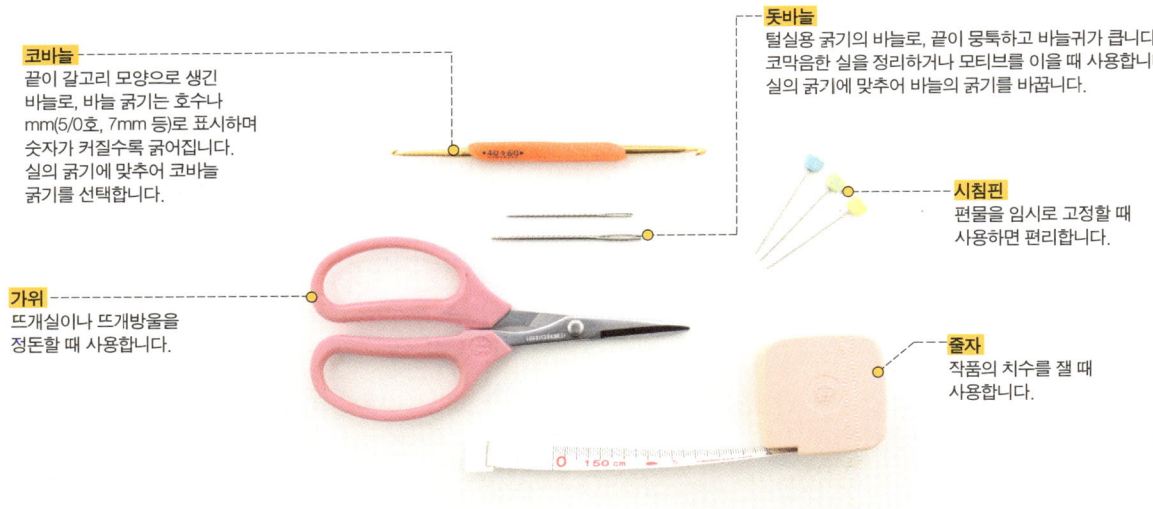

코바늘
끝이 갈고리 모양으로 생긴 바늘로, 바늘 굵기는 호수나 mm(5/0호, 7mm 등)로 표시하며 숫자가 커질수록 굵어집니다. 실의 굵기에 맞추어 코바늘 굵기를 선택합니다.

돗바늘
털실용 굵기의 바늘로, 끝이 뭉툭하고 바늘귀가 큽니다. 코막음한 실을 정리하거나 모티브를 이을 때 사용합니다. 실의 굵기에 맞추어 바늘의 굵기를 바꿉니다.

시침핀
편물을 임시로 고정할 때 사용하면 편리합니다.

가위
뜨개실이나 뜨개방울을 정돈할 때 사용합니다.

줄자
작품의 치수를 잴 때 사용합니다.

뜨개실에 대해

뜨개질을 할 때는 소재와 형태, 굵기별로 다양한 실이 사용됩니다. 이 책에서는 뜨개질을 처음 배우는 사람도 쉽게 뜰 수 있는 실을 사용했습니다. 실에는 실의 정보가 적혀 있는 라벨이 붙어 있어, 라벨 보는 법을 알아두면 실을 고를 때 유용합니다.

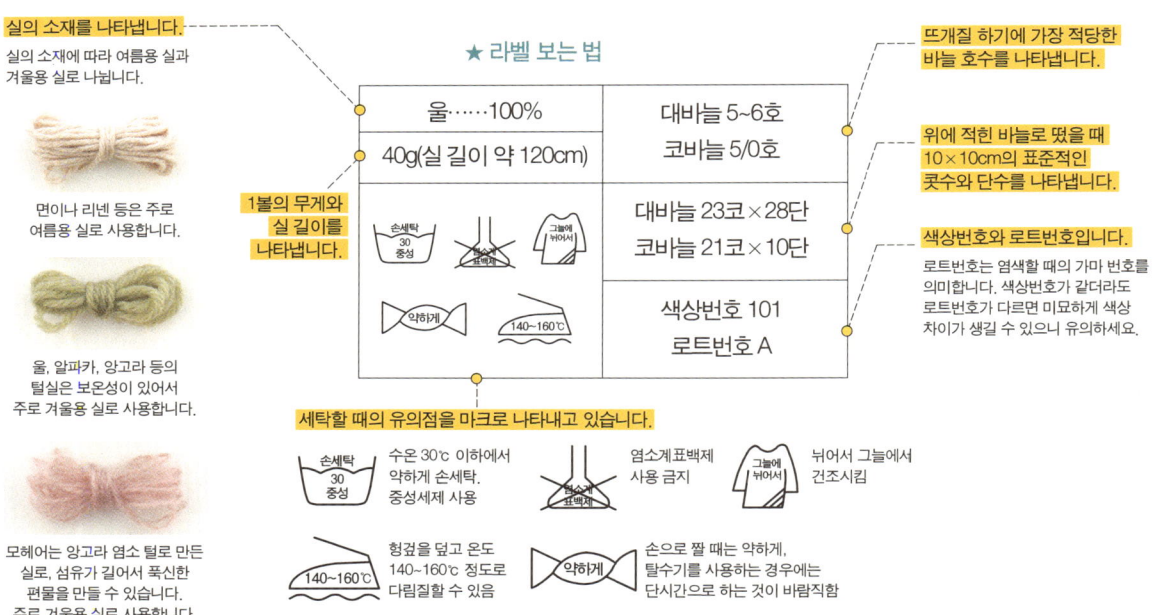

실의 소재를 나타냅니다.
실의 소재에 따라 여름용 실과 겨울용 실로 나뉩니다.

면이나 리넨 등은 주로 여름용 실로 사용합니다.

울, 알파카, 앙고라 등의 털실은 보온성이 있어서 주로 겨울용 실로 사용합니다.

모헤어는 앙고라 염소 털로 만든 실로, 섬유가 길어서 푹신한 편물을 만들 수 있습니다. 주로 겨울용 실로 사용합니다.

★ 라벨 보는 법

1볼의 무게와 실 길이를 나타냅니다.

뜨개질 하기에 가장 적당한 바늘 호수를 나타냅니다.

위에 적힌 바늘로 떴을 때 10×10cm의 표준적인 콧수와 단수를 나타냅니다.

색상번호와 로트번호입니다.
로트번호는 염색할 때의 가마 번호를 의미합니다. 색상번호가 같더라도 로트번호가 다르면 미묘하게 색상 차이가 생길 수 있으니 유의하세요.

세탁할 때의 유의점을 마크로 나타내고 있습니다.

손세탁 30 중성: 수온 30℃ 이하에서 약하게 손세탁. 중성세제 사용

염소계표백제 사용 금지

뉘어서 그늘에서 건조시킴

140~160℃: 헝겊을 덮고 온도 140~160℃ 정도로 다림질할 수 있음

약하게: 손으로 짤 때는 약하게, 탈수기를 사용하는 경우에는 단시간으로 하는 것이 바람직함

실 빼내는 법

감겨 있는 실타래의 바깥쪽 실을 사용하면, 실을 당길 때마다 실타래가 굴러가서 뜨기 어려우므로 안쪽에서 실을 빼내어 사용합니다.

실타래의 중심에 손가락을 넣어서 실 뭉치를 밖으로 빼냅니다.

빼낸 실 뭉치 속에서 실 끝을 찾아 거기서부터 사용합니다.

바늘과 실 잡는 법

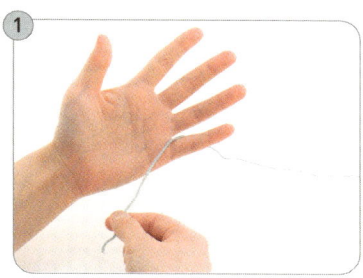

오른손으로 실 끝을 잡고, 왼손의 손등 쪽에서 새끼손가락과 약지 사이에 실을 넣습니다.

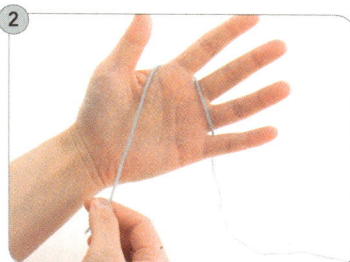

중지와 검지 사이에서 손등 쪽으로 실을 보낸 후, 검지에 걸어줍니다.

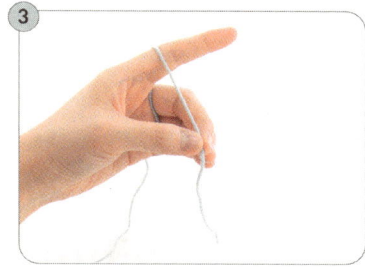

검지를 세운 채 엄지와 중지로 실 끝을 잡습니다.

오른손으로 바늘을 잡습니다. 엄지와 검지로 바늘 끝에서 4cm 정도 들어간 부분을 잡은 후, 중지를 코바늘 위에 가볍게 올려놓습니다. 바늘에 건 실이 빠져나갈 때는 중지로 받쳐줍니다.

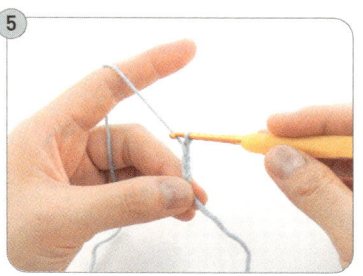

왼손으로 편물을 잡은 후, 왼손 엄지와 검지 사이를 지나는 실에 코바늘을 대고 오른손으로 떠나갑니다. 실을 부드럽게 빼낼 수 있도록 오른손으로 지나는 실을 너무 꽉 누르지 않도록 주의합니다.

왕복뜨기 | 짧은뜨기 & 한길긴뜨기 ①

사각 모티브

코바늘뜨기의 가장 기초적인 뜨개방법은 짧은뜨기와 한길긴뜨기입니다.
짧은뜨기와 한길긴뜨기를 마스터하면 다양한 아이템을 뜰 수 있습니다.
왕복뜨기란 편물의 앞면과 뒷면을 한 단씩 번갈아 뜨는 것을 말합니다.
사진으로 상세히 설명된 뜨개방법을 보면서 짧은뜨기와 한길긴뜨기로
사각 모티브를 떠 보세요.

짧은뜨기

한길긴뜨기

▶ 준비물

- 실 _ 하마나카 Paume 《무쿠와타》 스피마
  짧은뜨기 편물 - 베이지색(81) 8g
  한길긴뜨기 편물 - 베이지색(81) 5g
- 용구 _ 코바늘 4/0호
- 완성치수 _ 10×10cm

왕복뜨기란?

편물의 앞면과 뒷면을 한 단씩 번갈아 뜨는 것을 '왕복뜨기'라고 합니다.
뜨개방법 그림에서 뜨는 방향을 나타내는 표시가 단마다 반대방향을 향합니다.

★ 짧은뜨기 모티브 뜨기

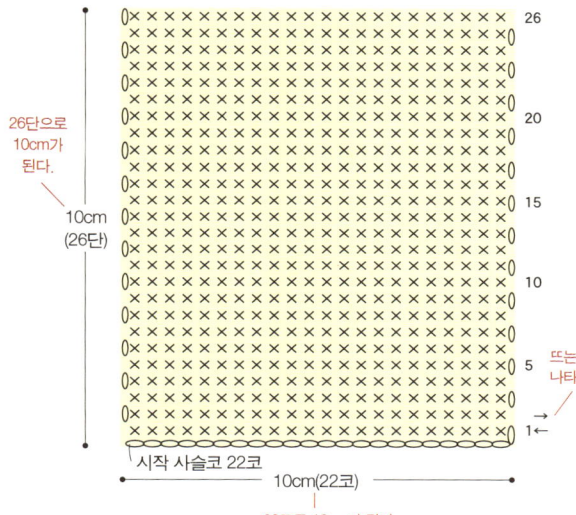

★ 한길긴뜨기 모티브 뜨기

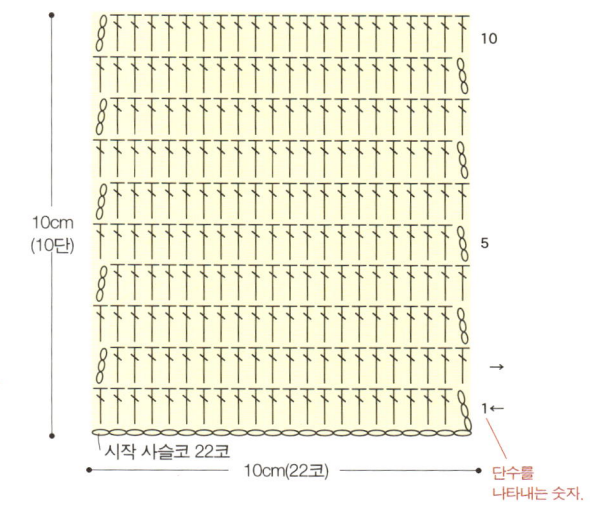

1. 시작코 만들기

◯ 사슬뜨기 시작코 ①~⑦

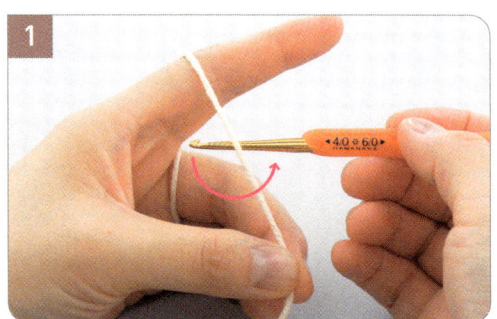

실의 뒤쪽에 바늘을 대고, 화살표와 같이 바늘을 돌려서 고리를 만든다.

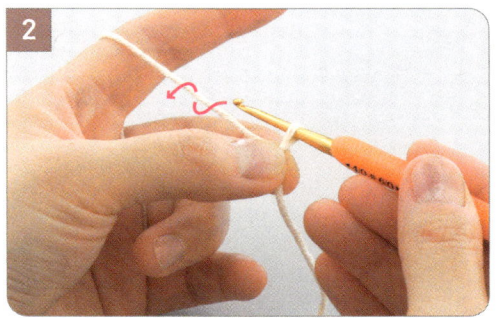

고리의 밑부분을 왼손의 엄지와 중지로 누르고, 바늘을 돌려서 화살표와 같이 실을 건다.

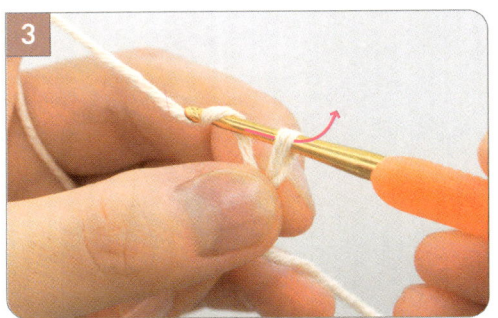

바늘에 건 실을 화살표와 같이 빼낸다.

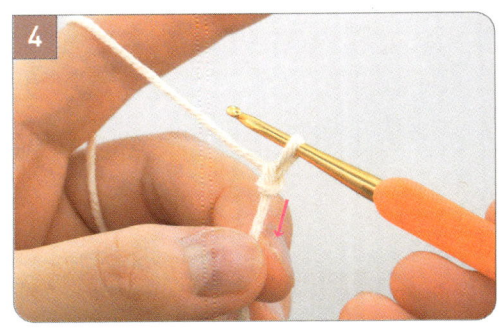

실 끝을 화살표와 같이 잡아 당겨서 시작코의 고리를 죈다.

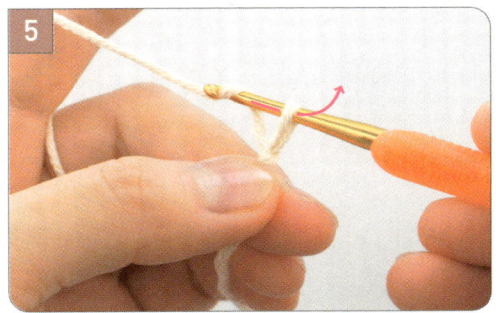

바늘에 실을 걸어 화살표와 같이 잡아 빼서 첫코를 완성한다.

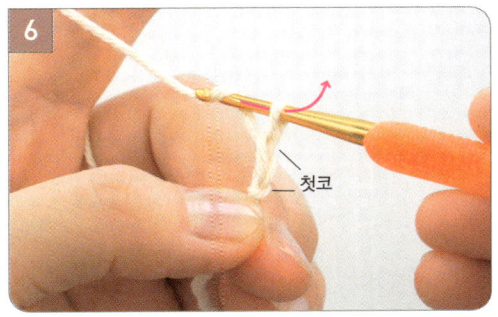

바늘에 실을 걸어 화살표와 같이 잡아 빼서 두 번째 코를 완성한다.

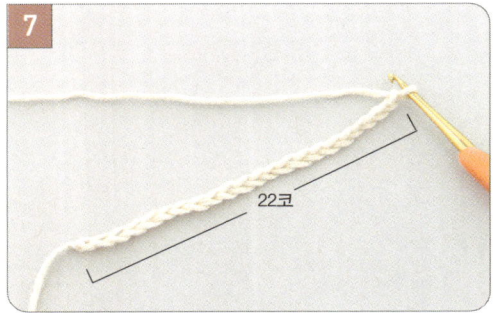

똑같이 반복해서 사슬 22코를 뜬다.

2 짧은 뜨기로 1단 뜨기

기둥 1코

시작코 22코에 이어서 기둥 1코를 뜬다.

✕ 짧은뜨기 ②~⑥

사슬 안쪽에 볼록 나온 부분을 '뒷산'이라고 한다.

화살표와 같이 뒷산에 바늘을 넣는다.

바늘에 실을 걸어 화살표와 같이 빼낸다.

바늘에 실을 걸어 화살표와 같이 한꺼번에 잡아 뺀다.

짧은뜨기 1코가 완성된 모습. 다음 코는 옆 사슬의 뒷산에 화살표와 같이 바늘을 넣어 뜬다.

시작코의 사슬 1코 당 1코씩 짧은뜨기를 떠서 모두 22코를 뜬다. 1단이 완성된 모습.

❀ 3 2단 뜨기 준비

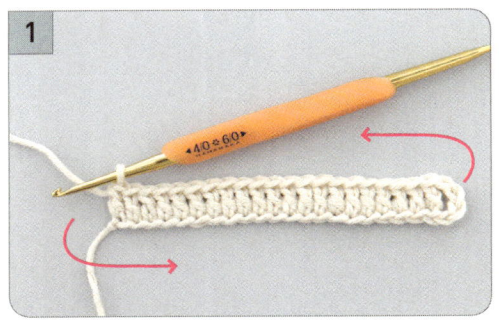

바늘에 코가 걸려 있는 채로 편물을 화살표와 같이 돌려서 안쪽으로 뒤집는다.

반대방향으로 바꿔 잡으면 바늘에 걸려 있는 코가 비틀어지며 뜨개실이 반대쪽으로 가게 된다.

뜨개실이 앞쪽으로 와 있다.

❀ 4 짧은 뜨기로 2단 뜨기

기둥 1코를 뜬 후, 화살표와 같이 1코째의 짧은뜨기 머리에서 사슬 2겹을 주워 짧은뜨기를 뜬다.

짧은뜨기는 아랫단의 짧은뜨기 머리의 사슬에 화살표와 같이 바늘을 넣어 단의 마지막 코를 뜬다.

❀ 5 한길긴뜨기로 2단 뜨기

기둥 3코를 뜬 후, 바늘에 실을 걸고 화살표와 같이 2코째의 한길긴뜨기 머리에서 사슬 2겹을 주워 한길긴뜨기를 뜬다.

한길긴뜨기는 아랫단의 기둥 3코째에 화살표와 같이 바늘을 넣어 단의 마지막 코를 뜬다.

🌸 6 한길긴뜨기로 1단 뜨기

기둥 3코

시작코 22코에 이어서 기둥 3코를 뜬다.
기둥 3코는 1코로 센다.

┬ 한길긴뜨기 ②~⑦

바늘에 실을 걸어 받침코의 다음 코에 바늘을 넣어 한길 긴뜨기를 뜬다.

화살표와 같이 사슬의 뒷산에 바늘을 넣는다.

바늘에 실을 걸어 화살표와 같이 빼낸다.

바늘에 실을 걸어 화살표와 같이 두 가닥만 잡아 뺀다.

바늘에 실을 걸어 화살표와 같이 모두 잡아 뺀다.

한길긴뜨기 1코가 완성된 모습. 다음 코는 옆 사슬의 뒷산에 화살표와 같이 바늘을 넣어 뜬다.

시작코 사슬 1코 당 1코씩 한길긴뜨기를 떠서 모두 한길긴뜨기 21코를 뜬다. 1단이 완성된 모습.

7 지정단수 뜨기

짧은뜨기는 모두 26단, 한길긴뜨기는 모두 10단을 뜬다. 마무리할 때는 실을 약 15cm 남기고 잘라 코바늘을 뺀 후, 실 끝을 고리 안으로 집어넣어 세게 쥔다.

둥근 모티브

둥근 모티브를 떠볼까요? 주로 둥근 모양을 뜰 때 원주뜨기 방법을 이용합니다.
바구니 등의 소품을 만들거나 둥근 모티브를 이어 붙여 목도리 등을 만들 수 있습니다.

원주뜨기 **짧은뜨기 & 한길긴뜨기 ②**

짧은뜨기

한길긴뜨기

▶ 준비물
- 실 _ 하마나카 오가닉 울 필드
  황갈색(1번) 각 5g
- 용구 _ 코바늘 5/0호
- 완성치수 _ 직경 10cm

원주뜨기란?
편물의 한쪽면만 보면서 뜨는 것을 '원주뜨기' 라고 합니다.
중심부터 둥근 모양으로 뜰 때나 사슬뜨기로 원형코를 만들어
둥근 모양을 뜰 때 사용하는 방법입니다.

★ 짧은뜨기 원형 모티브 뜨기

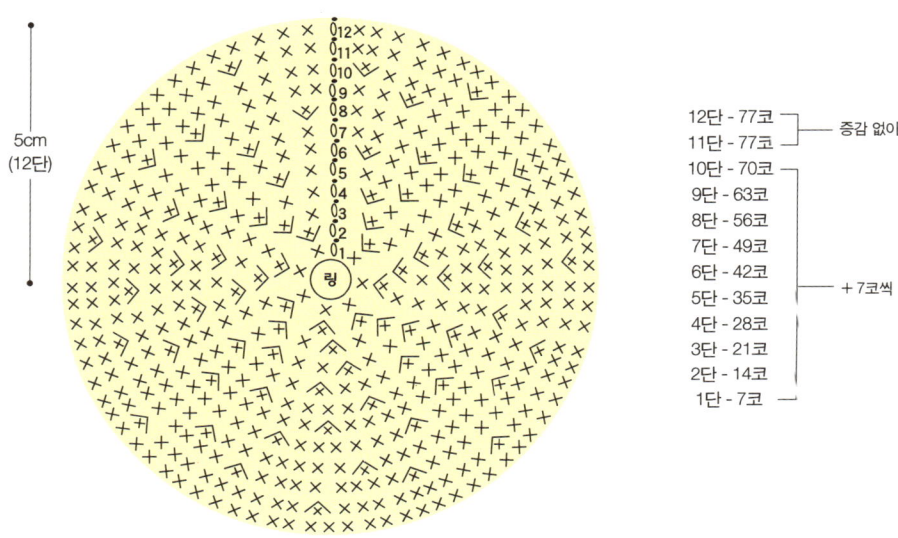

12단 - 77코 ┐ 증감 없이
11단 - 77코 ┘
10단 - 70코 ┐
9단 - 63코
8단 - 56코
7단 - 49코
6단 - 42코 + 7코씩
5단 - 35코
4단 - 28코
3단 - 21코
2단 - 14코 ┘
1단 - 7코

★ 한길긴뜨기 원형 모티브 뜨기

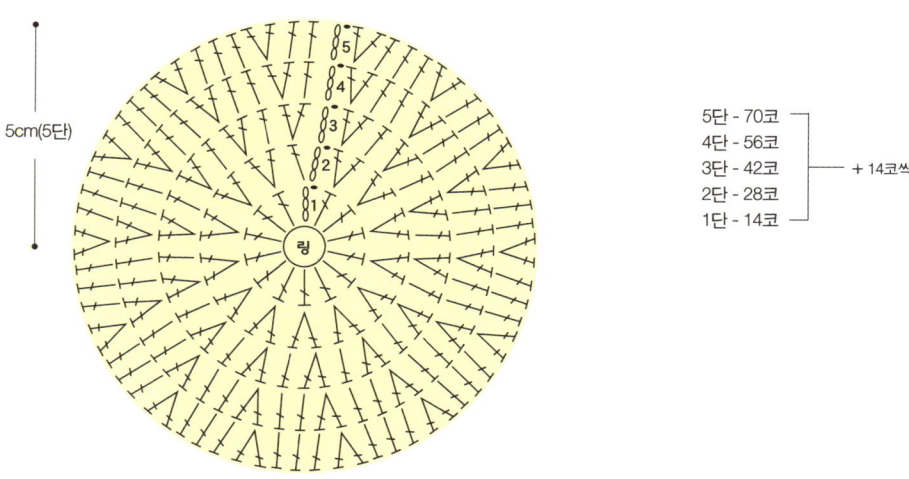

5단 - 70코 ┐
4단 - 56코
3단 - 42코 + 14코씩
2단 - 28코
1단 - 14코 ┘

🌸 1 원형뜨기의 시작코 만들기

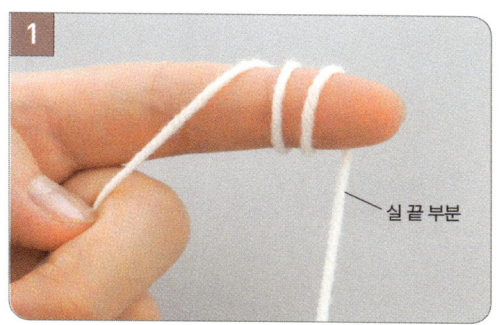

실 끝을 약 10cm 남기고 왼손 검지에 실을 두 번 감는다.

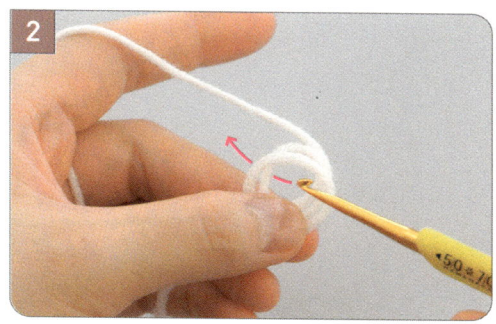

손가락을 빼고 실의 고리를 누른 후, 화살표와 같이 바늘을 넣는다.

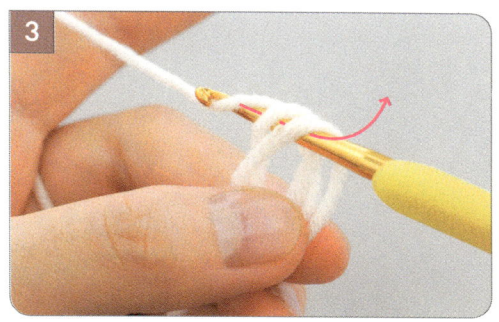

바늘에 실을 걸어 화살표와 같이 빼낸다.

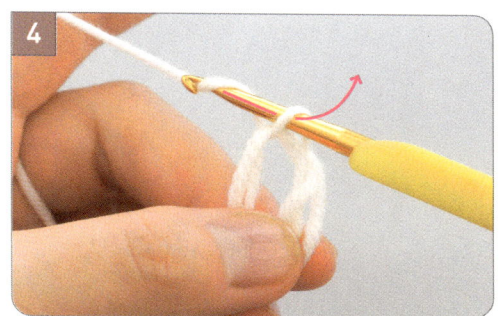

바늘에 실을 걸어 화살표와 같이 잡아 뺀다.

원형뜨기의 시작코가 완성된 모습.

2 짧은뜨기로 1단 뜨기

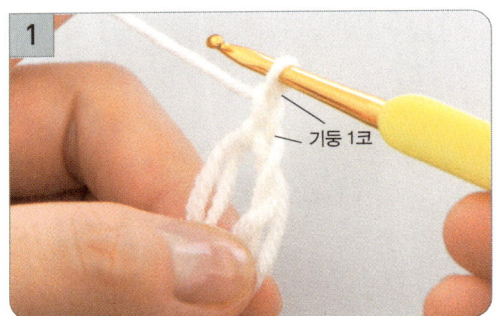

기둥 1코를 뜬다.

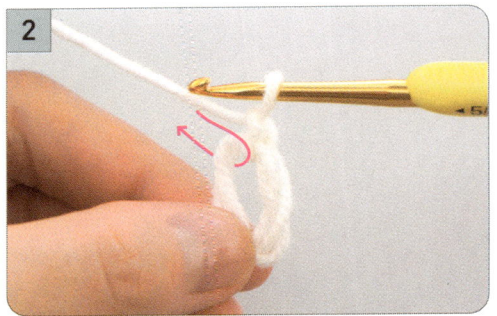

화살표와 같이 실의 고리 안에 바늘을 넣는다.

바늘에 실을 걸어 화살표와 같이 빼낸다.

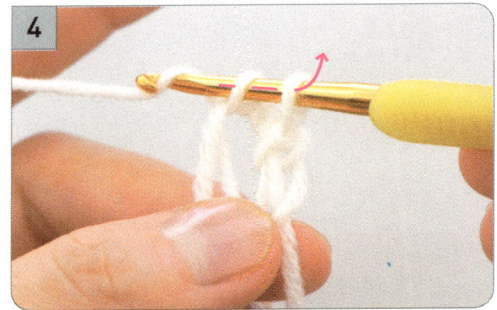

바늘에 실을 걸어 화살표와 같이 두 개의 고리를 한꺼번에 잡아 뺀다.

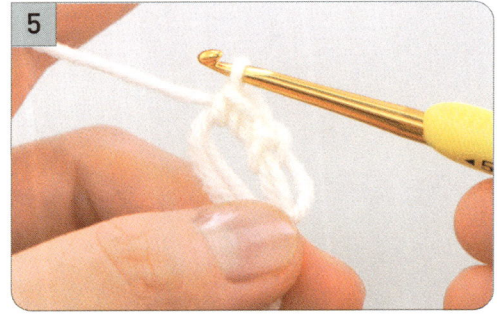

짧은뜨기 1코가 완성된 모습.

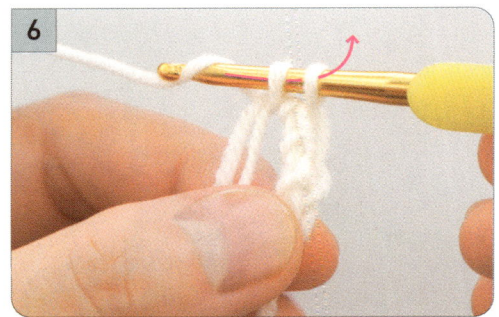

같은 방법으로 고리 안에 짧은뜨기를 6코 더 뜬다.

고리 안에 짧은뜨기를 모두 7코 떠 넣었다.

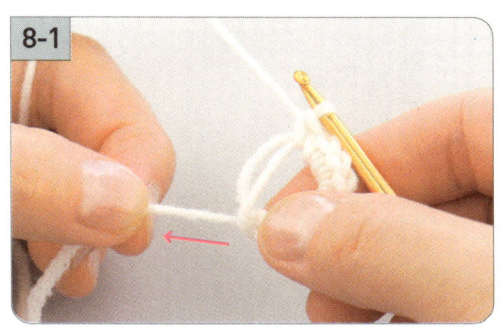

실 끝을 조금 당긴 후, 시작코의 움직이는 쪽 고리를 당겨서 죈다.

움직이는 쪽 고리

실 끝을 당겨서 남은 고리도 죈다.

빼뜨기 ⑪~⑬

중앙의 구멍이 메워졌다.

화살표와 같이 1코째의 짧은뜨기 머리에서 사슬 2겹을 주워 바늘을 넣는다.

바늘에 실을 걸어 화살표와 같이 한꺼번에 잡아 뺀다.

1단이 완성된 모습.

🌸 3 한길긴뜨기로 1단 뜨기

기둥 3코
기둥 3코를 뜬 후, 실의 고리 안에 바늘을 넣어 한길긴뜨기를 13코 떠 넣는다.

실의 고리를 조여 준 후, 화살표와 같이 기둥 3코째에 바늘을 넣어 빼뜨기를 뜬다.

🌸 4 짧은뜨기로 2단 뜨기

짧은뜨기 2코 넣어뜨기 ②~④

기둥 1코
기둥 1코를 뜬다.

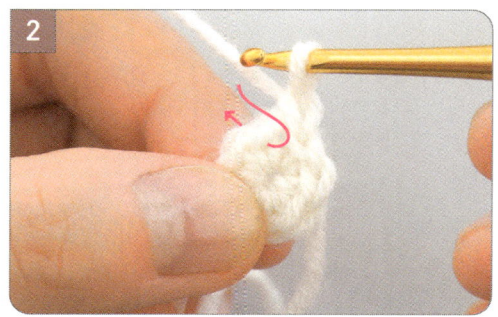
화살표와 같이 아랫단의 짧은뜨기 머리에서 사슬 2겹을 주워 짧은뜨기를 뜬다.

짧은뜨기 1코가 완성된 모습. 같은 코에 한 번 더 바늘을 넣어 짧은뜨기를 1코 더 떠 넣는다.

짧은뜨기 2코가 완성된 모습.

같은 방법으로 아랫단의 1코에 짧은뜨기를 2코씩 떠 넣어 간 후, 마지막은 1단과 마찬가지로 1코째의 짧은뜨기 머리에서 사슬 2겹을 주워 빼뜨기를 한다.

🌸 5 한길긴뜨기로 2단 뜨기

기둥 3코를 뜬 후, 바늘에 실을 걸어 화살표와 같이 아랫단의 기둥 3코째에 바늘을 넣어 한길긴뜨기를 뜬다.

한길긴뜨기 1코가 완성된 모습.

∀ 한길긴뜨기 2코 떠넣기 ③~⑥

바늘에 실을 걸어 아랫단의 한길긴뜨기 머리에서 사슬 2겹을 주워 한길긴뜨기를 1코 뜬다.

바늘에 실을 걸어 같은 코에 바늘을 넣고 한길긴뜨기를 1코 더 뜬다.

한길긴뜨기 2코가 완성된 모습.

같은 방법으로 아랫단의 1코에 한길긴뜨기를 2코씩 떠 넣어 간 후, 마지막은 1단과 마찬가지로 기둥 3코째에 빼뜨기를 한다.

6 모든 단 뜨기

뜨개방법 그림을 참조해서 짧은뜨기는 모두 12단, 한길긴뜨기는 모두 5단을 뜬다.

멀티스트라이프 머플러

한길긴뜨기에 익숙해지면 멀티스트라이프 머플러도 뜰 수 있습니다.
단마다 색이 바뀌기 때문에 재미있게 뜰 수 있답니다.
다 뜨고 나서 다른 배색으로도 떠 보세요.

▶ 준비물

- 실 _ ① 하마나카 소노모노 트위드
  담갈색(72번) 40g, 황갈색(71번) 30g, 암갈색(73번) 30g
  ② 하마나카 오가닉 울 필드
  연보라색(6번) 35g, 황갈색(1번) 25g, 분홍색(7번) 25g
- 용구 _ 코바늘 5/0호, 7/0호
- 완성치수 _ ① 13×134cm
  ② 12×123cm
- 뜨개방법 _ 사슬뜨기 시작코로 코를 만든 후, 중간에 색을 바꾸면서 한길긴뜨기로 뜬다.

★ 배색

	1	2
a색	담갈색	연보라색
b색	암갈색	분홍색
c색	황갈색	황갈색

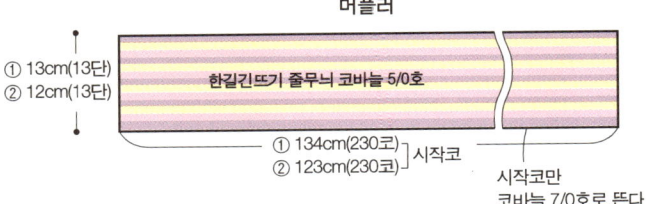

★ 뜨개방법

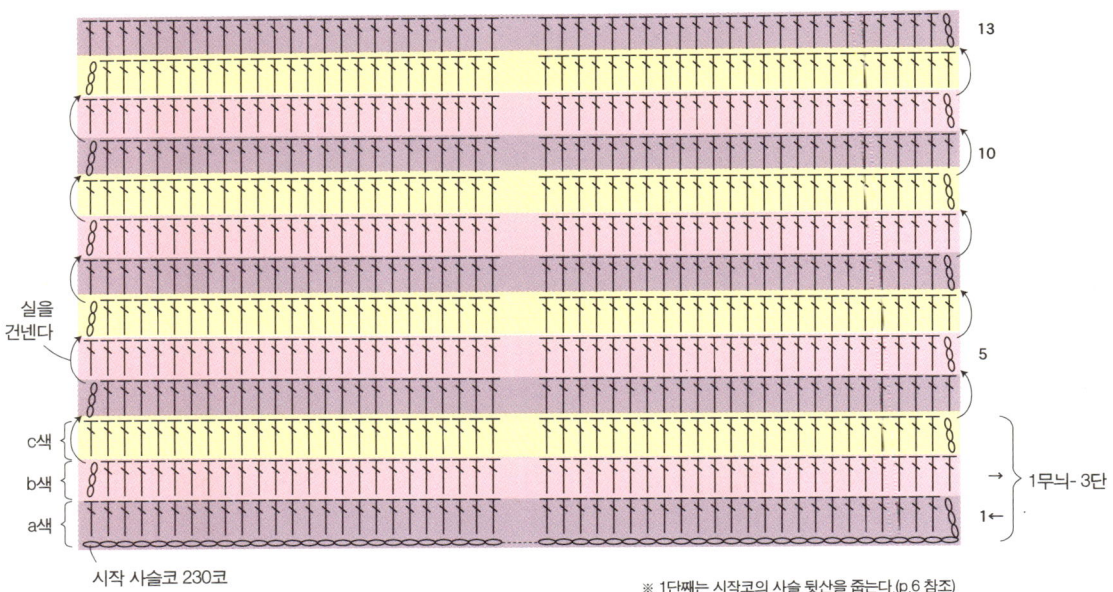

🌸 배색방법

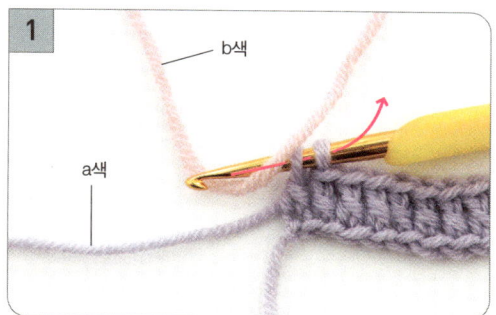

1단의 마지막 한길긴뜨기에서 마지막으로 실을 빼낼 때 b색으로 바꿔서 뜬다.

1단이 완성된 모습.

편물을 뒤집는다.

2단에서 a색을 감싸 뜨면서 다시 a색으로 뜨게 되는 4단까지 가지고 가면, 그때마다 실을 잘라서 마무리하는 수고를 덜 수 있다.

2단의 기둥 3코는 1단의 a색을 감싸면서 뜬다. a색을 사이에 끼운 후, b색을 바늘에 걸어 화살표와 같이 잡아 뺀다.

사슬 1코가 완성된 모습.

계속해서 b색으로 사슬 1코를 뜬다.

3코째도 1코째와 마찬가지로 a색을 감싸면서 뜬다.

기둥 3코가 완성된 모습.

a색은 쉬어 둔 후, b색으로 2단을 뜬다.

건네진 a색 실

3단의 기둥코는 c색으로 b색을 감싸면서 뜨고, 마지막 한길긴뜨기를 뺄 때는 건네진 a색으로 뜬다. 다른 단도 같은 요령으로 실을 바꾸가며 뜬다.

심플 머플러

그물 느낌의 이 머플러는 언뜻 보기에는 어려울 것 같지만,
한길긴뜨기와 사슬뜨기만으로 간단히 뜰 수 있답니다.
같은 뜨개방법을 반복하기 때문에 리듬 있게 술술 뜰 수 있어요.

▶ 준비물

- 실 _ 하마나카 Paume 《무쿠와타》 니트 황갈색(21번) 95g
- 용구 _ 코바늘 5/0호
- 완성치수 _ 13×129cm
- 뜨개방법 _ 사슬뜨기 시작코로 코를 만들어 무늬뜨기로 머플러를 뜬다.

★ 뜨개방법

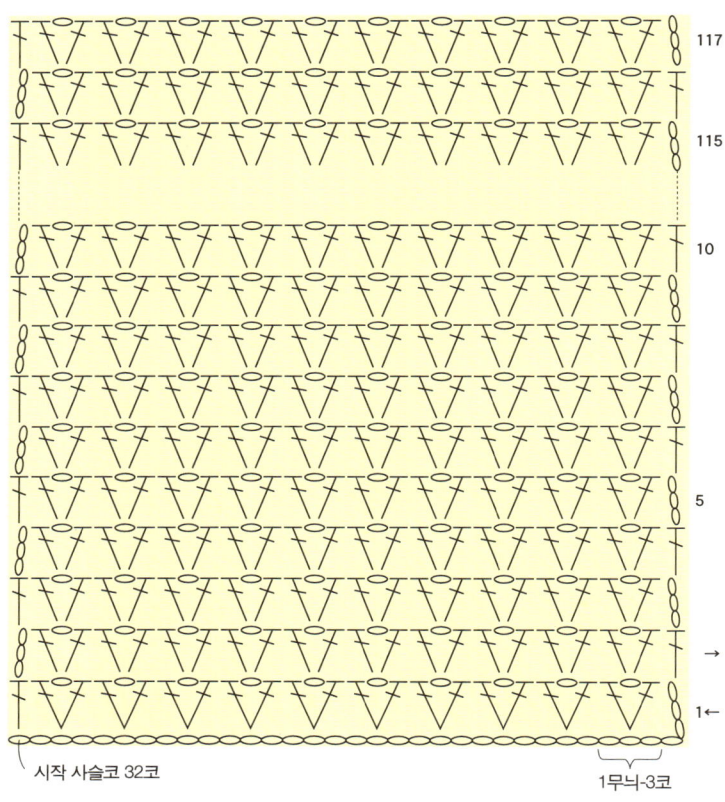

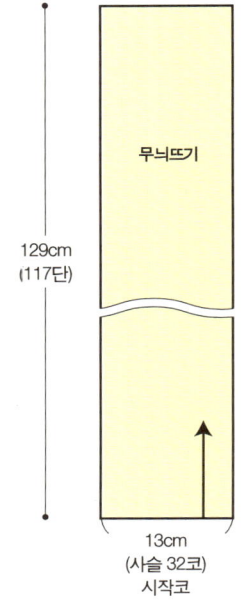

1단 뜨기

 의 뜨개방법 ①~⑤

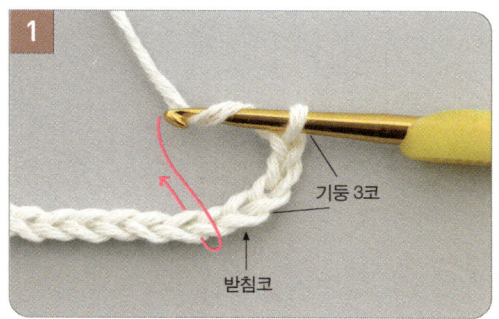

시작코의 사슬 32코에 이어서 기둥 3코를 뜨고 나면, 바늘에 실을 걸어 받침코부터 세어서 2코째의 사슬코 (위 1겹과 뒷산을 줍는다)에 바늘을 넣어 한길긴뜨기 1코를 뜬다.

한길긴뜨기 1코가 완성된 모습.

계속해서 사슬 1코를 뜬다.

바늘에 실을 건 후, 앞서 뜬 한길긴뜨기와 같은 코에 바늘을 넣어 한길긴뜨기 1코를 뜬다.

한길긴뜨기가 완성된 모습.

다음 한길긴뜨기는 방금 뜬 한길긴뜨기부터 세어서 3코째의 사슬코에 바늘을 넣어 뜬다.

같은 방법으로 무늬를 반복해간다.

2단부터는 다발에서 주워 뜨기

다발에서 줍기 ①

다음 단부터는 한길긴뜨기를 뜰 때 화살표와 같이 아랫단의 사슬코 밑에 바늘을 넣어 뜬다. 이렇게 코를 줍는 방법을 '다발에서 줍기'라고 한다.

다발에서 주워 무늬뜨기를 뜬 모습.

귀여운 소품 바구니

짧은뜨기로 둥근 모양을 뜨고 중간에 코를 늘리지 않고 떠 나가면, 편물이 위로 올라갑니다. 테두리의 색을 바꿔서 포인트를 주면 심플하면서도 귀여운 소품바구니를 만들 수 있어요.

▶▶ 준비물

- 실 _ 하마나카 Cotton Tweed Charkha
  ① 베이지색(2번) 10g, 회색(3번) 약간
  ② 초록색(5번) 10g, 베이지색(2번) 약간
  ③ 회색(3번) 10g, 초록색(5번) 약간
- 용구 _ 코바늘 5/0호
- 완성치수 _ 10×4.5cm
- 뜨개방법
  ① 원형코를 만들어 짧은뜨기로 소품 바구니를 뜬다.
  ② 색을 바꿔서 가장자리를 뜬다.

★ 배색

	1	2	3
a색	베이지색	초록색	회색
b색	회색	베이지색	초록색

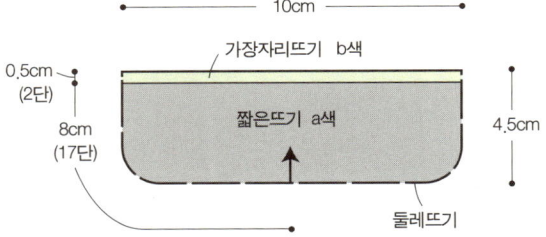

10cm
가장자리뜨기 b색
0.5cm (2단)
8cm (17단)
짧은뜨기 a색
4.5cm
둘레뜨기

b색	2단 - 63코		증감 없이
	1단 - 63코		
a색	17단 - 63코 ~ 10단 - 63코		
	9단 - 63코	+ 7코씩	
	8단 - 56코		
	7단 - 49코		
	6단 - 42코		
	5단 - 35코		
	4단 - 28코		
	3단 - 21코		
	2단 - 14코		
	1단 - 7코		

★ 뜨개방법

※ 9단까지는 p.13 짧은뜨기 편물과 같은 방법입니다.

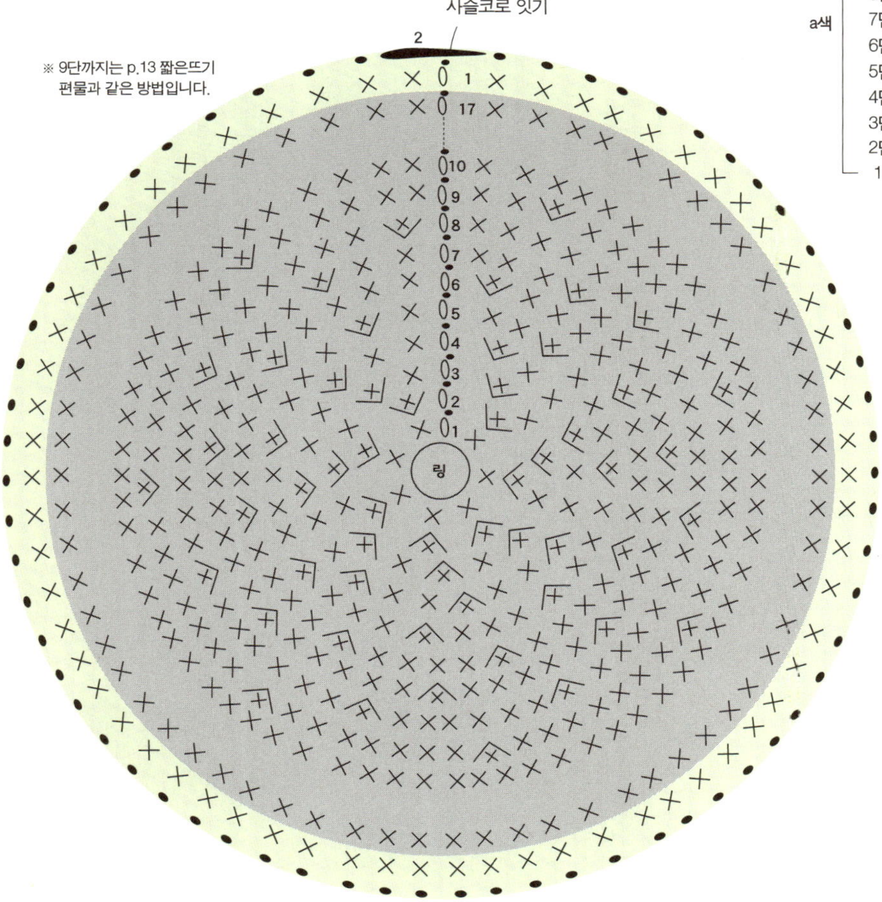

사슬코로 잇기
2
1
17
10
9
8
7
6
5
4
3
2
1
링

🌸 배색방법

짧은뜨기로 17단까지 뜬 후, 실을 5cm 정도 남기고 자른다. 화살표와 같이 1코째의 짧은뜨기 머리에서 사슬 2코를 주워 바늘을 넣는다.

바늘에 b색 실을 걸어 화살표와 같이 잡아 뺀다.

17단이 완성된 모습.

🌸 가장자리뜨기

`1단`

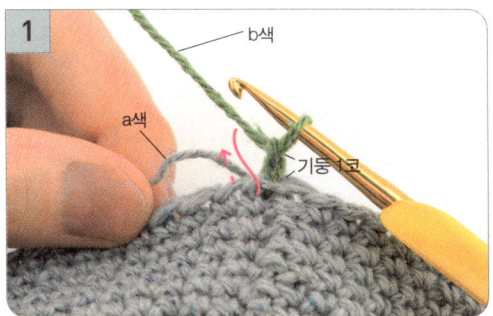

계속해서 기둥 1코를 뜬다. 화살표와 같이 바늘을 넣는다.

바늘에 실을 걸어 a색의 실 끝을 감싸듯이 떠서 빼낸다.

바늘에 실을 걸어 화살표와 같이 잡아 뺀다.

짧은뜨기 안에 a색 실이 감싸졌다. 같은 방법으로 해서 a색의 실 끝을 모두 감싸면서 떠 나간다.

2단

마지막은 1코째의 짧은뜨기 머리에서 사슬 2겹을 주워 빼 뜨기를 하면 1단이 완성된다.

가장자리뜨기의 2단째는 다음 코에서 모두 빼뜨기를 한다. 화살표와 같이 아랫단의 짧은뜨기 머리의 사슬 2겹에 화살표와 같이 바늘을 넣는다.

바늘에 실을 걸어 화살표와 같이 잡아 뺀다.

다음 코도 같은 방법으로 바늘을 넣어 빼뜨기를 한다.

모든 코를 빼뜨기로 뜬 모습.

사슬코로 잇기

실을 15cm 정도 남기고 자른다.

코바늘에 걸려 있는 고리를 당겨서 실 끝을 빼낸다.

실 끝을 돗바늘에 끼우고 1코째의 빼뜨기코에 넣는다.
그런 다음 화살표와 같이 바늘을 넣는다.

실을 당기면 새롭게 사슬 하나가 생긴다.

사슬이 이어져서 깔끔하게 완성된 모습.

❋ 실 끝의 처리 방법

안쪽 코에 실 끝을 3~4cm 정도 통과시킨다.

편물 사이로 여분의 실 끝을 자른다. 다른 실 끝도 같은 방법으로 처리한다.

투톤 파우치

두 가지 색으로 뜬 귀여운 둥근바닥 파우치는 수납을 많이 할 수 있어 좋습니다. 둥근 모양으로 뜬 다음, 지퍼를 달았습니다.
짧은뜨기로 떠서 튼튼하게 보이는 파우치입니다.

★ 배색

	1	2
a색	하늘색	분홍색
b색	연두색	베이지색

▶▶ 준비물

· 실 _ 하마나카 FAIR LADY 50
　　① 하늘색(55번) 35g, 연두색(56번) 15g
　　② 분홍색(74번) 35g, 베이지색(52번) 15g

· 부재료 _ 지퍼(17cm) 각 1개

· 용구 _ 코바늘 5/0호

· 완성치수 _ 18×12.5cm

· 뜨개방법
　① 원형코를 만들어 짧은뜨기로
　　파우치를 뜬다. 중간에 색을 바꾼다.
　② 파우치 입구에 지퍼를 단다.

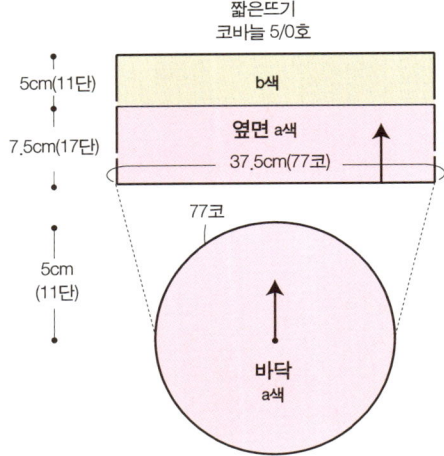

★ 마무리 방법
파우치 입구에 지퍼를 단다.

★ 뜨개방법

※ 옆면의 1단까지는 p.13 짧은뜨기 편물과 같은 방법입니다.
※ 배색방법은 p.27 참조.

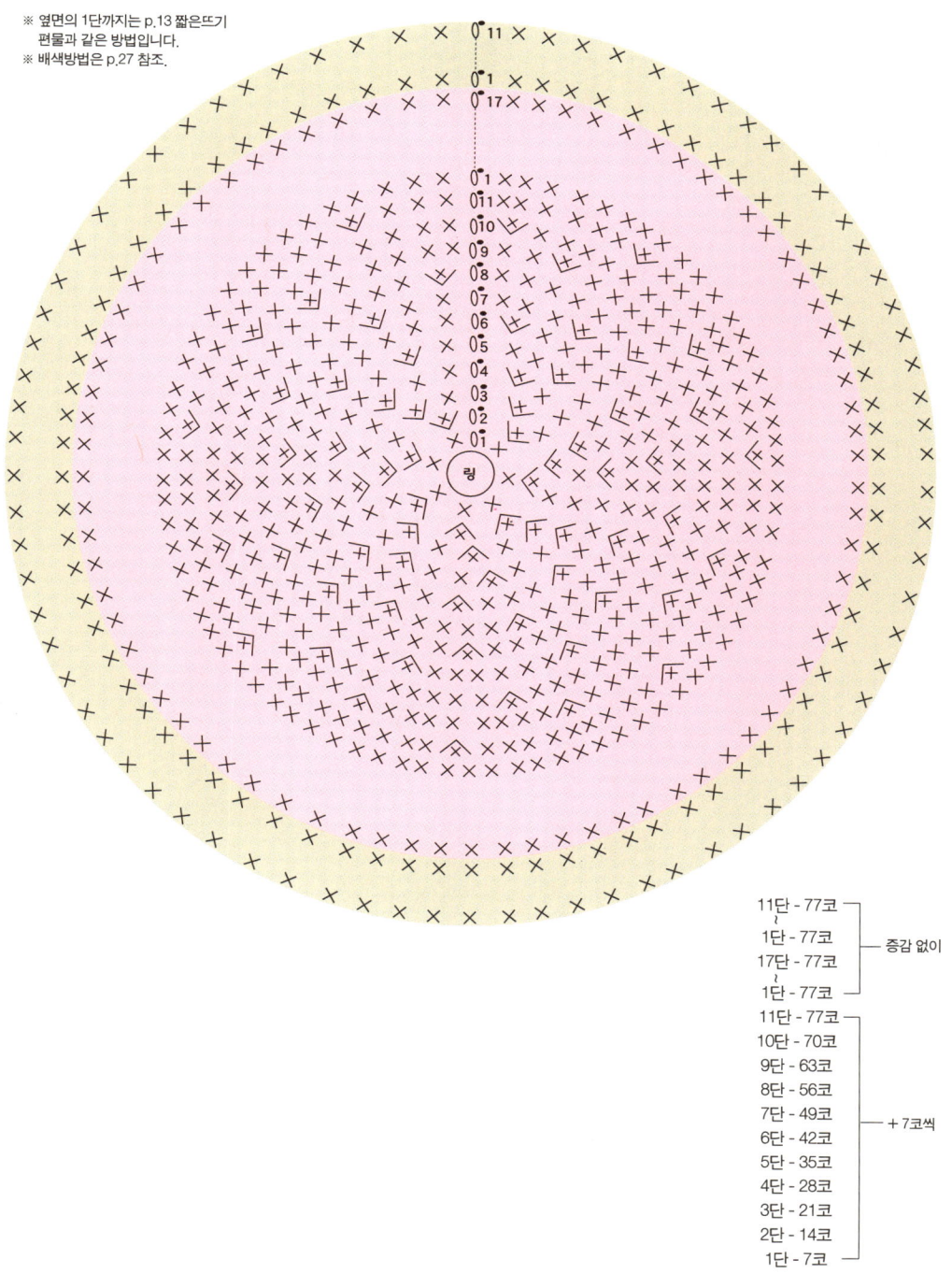

11단 - 77코
~
1단 - 77코 } 증감 없이
17단 - 77코
~
1단 - 77코

11단 - 77코
10단 - 70코
9단 - 63코
8단 - 56코
7단 - 49코 } +7코씩
6단 - 42코
5단 - 35코
4단 - 28코
3단 - 21코
2단 - 14코
1단 - 7코

모티브

코바늘뜨기에서 빼놓을 수 없는 모티브.
모티브 1장으로 코스터를 만들거나 모티브들을 연결하여 머플러를 만들 수 있습니다.
사각이나 원형, 물결무늬 등 다양한 디자인을 만들 수 있다는 점이 모티브만의 매력입니다.

A

B

C

▶ **준비물(모티브A)**

· 실 _ 하마나카 오가닉 울 필드
   베이지색(2번) 5g
· 용구 _ 코바늘 5/0호
· 완성치수 _ 8×8cm
· 뜨개방법 _ 원형코를 만들어 무늬뜨기로
   모티브를 뜬다.

★ **모티브A의 뜨개방법**

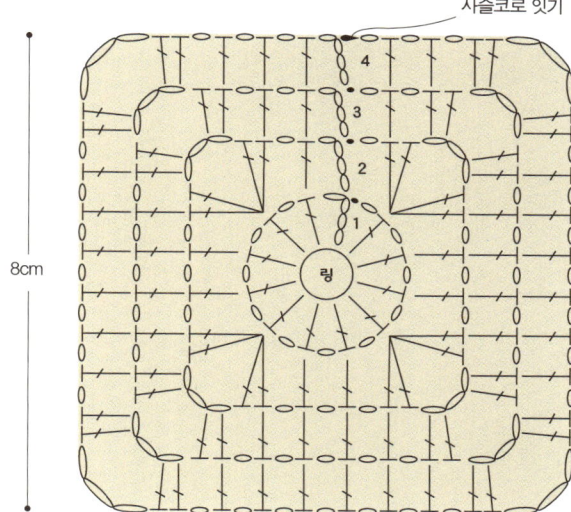

 모티브A의 뜨기

시작코~1단

원형코를 만든다.

기둥 3코를 뜨고 사슬 1코를 떠준다.

바늘에 실을 건 후, 화살표와 같이 실의 고리에 바늘을 넣어 한길긴뜨기를 뜬다.

한길긴뜨기가 완성된 모습. 같은 방법으로 사슬 1코와 한길긴뜨기 1코를 반복한다.

1단의 마지막 사슬뜨기를 뜨고 나서 시작코의 실 고리를 조여 준다.

화살표와 같이 기둥 3코째에 바늘을 넣어 빼뜨기를 뜨면 1단이 완성된다.

2단

2단도 같은 방법으로, 사슬 3코로 기둥을 세우고 사슬뜨기와 한길긴뜨기를 반복한다.

모서리 부분만 화살표와 같이 같은 코에 한길긴뜨기 2코를 떠 넣는다.

한길긴뜨기를 2코 떠 넣은 모습.

계속해서 사슬 3코를 뜬다.

앞서 뜬 한길긴뜨기와 같은 코에 한길긴뜨기 2코를 떠 넣는다.

모서리 부분이 완성된 모습.

3 · 4단

3 · 4단도 같은 방법으로 사슬뜨기와 한길긴뜨기를 반복해서 뜬다.

모서리 부분은 화살표와 같이 아랫단의 사슬 3코를 다발에서 주워 한길긴뜨기를 뜬다.

한길긴뜨기 2코, 사슬 3코, 한길긴뜨기 2코를 떠서 모서리 부분이 완성된 모습.

4단의 마지막 사슬뜨기코를 뜨고 나면 실을 15cm 정도 남기고 잘라 코바늘을 빼내고 실 끝을 빼낸 후, 돗바늘에 끼운다.

기둥 3코의 다음 사슬코에 돗바늘을 통과시킨다.

원래 사슬코에 통과시킨다.

실 끝의 처리 방법

실을 당기면 새롭게 사슬 하나가 생긴다.

안쪽의 코에 실 끝을 3~4cm 정도 통과시킨다.

편물 사이로 여분의 실 끝을 자른다. 다른 실 끝도 같은 방법으로 처리한다.

▶ 준비물(모티브 B)

· 실 _ 하마나카 오가닉 울 필드
  베이지색(2번) 5g
· 용구 _ 코바늘 5/0호
· 완성치수 _ 직경 8.5cm
· 뜨개방법 _ 원형코를 만들어 무늬뜨기로
  모티브를 뜬다.

★ 모티브B의 뜨개방법

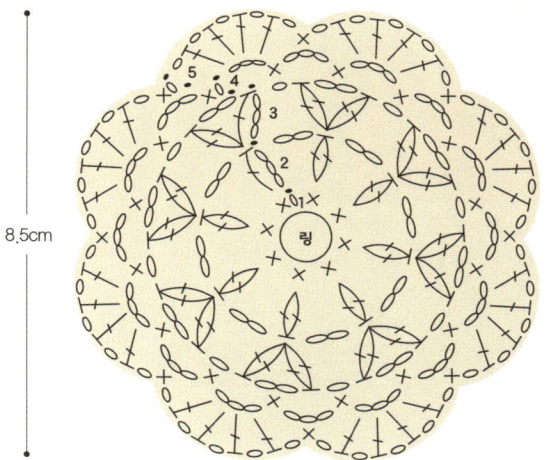

모티브B의 뜨기

시작코~1단

원형코를 만든 후, 1단은 기둥 1코와 짧은뜨기 8코를 뜬다.

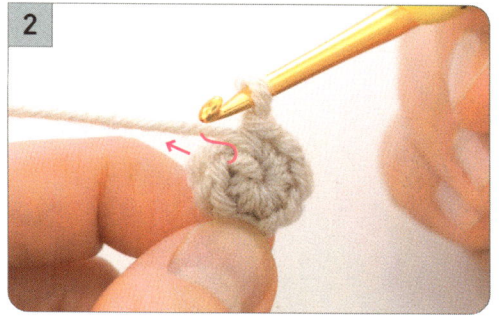

마지막은 시작코의 실을 조여 준 후, 1코째의 짧은뜨기 머리에서 사슬 2겹을 주워 빼뜨기를 한다.

2단

기둥 3코를 뜬 후, 바늘에 실을 걸어 화살표와 같이 빼뜨기를 한 코에 한길긴뜨기를 뜬다.

계속해서 사슬 2코를 뜬다.

한길긴뜨기 2코 구슬뜨기 ⑤~⑨

바늘에 실을 걸어 화살표와 같이 바늘을 넣어 미완성의 한길긴뜨기(p.52의 '한길긴뜨기 4코 구슬뜨기' 참조)를 뜬다.

바늘에 실을 건 후, 같은 코에 바늘을 넣어 미완성의 한길긴뜨기 1코를 더 떠준다.

미완성의 한길긴뜨기 2코가 완성된 모습.

바늘에 실을 걸어 화살표와 같이 한꺼번에 잡아 뺀다.

한길긴뜨기 2코 구슬뜨기가 완성된 모습.

사슬 2코와 한길긴뜨기 2코 구슬뜨기를 반복해서
한 바퀴를 뜬 후, 마지막은 처음의 한길긴뜨기 머리에서
사슬 2겹을 주워 빼뜨기를 해주면 2단이 완성된다.

3단

기둥 3코를 뜬 후, 빼뜨기를 한 코에 한길긴뜨기를 뜬다.

계속해서 사슬 2코를 뜬 후, 바늘에 실을 걸어 앞서 뜬
한길긴뜨기와 같은 코에 바늘을 넣어 한길긴뜨기 2코
구슬뜨기를 뜬다.

계속해서 사슬 1코를 뜬 후, 바늘에 실을 걸어 아랫단의
구슬뜨기코 머리에서 사슬 2겹을 주워 한길긴뜨기 2코
구슬뜨기를 뜬다.

사슬 2코, 혹은 사슬 1코와 한길긴뜨기 2코 구슬뜨기를
반복해서 한 바퀴 뜬 후, 마지막은 처음의 한길긴뜨기
머리에서 사슬 2겹을 주워 빼뜨기를 하면 3단이 완성된다.

4단

아랫단의 사슬코를 다발에서 주워 빼뜨기를 1코 뜨고 난 후, 기둥 1코를 뜬다.

짧은뜨기 1코와 사슬 3코를 반복해서 한 바퀴 뜬다.

마지막은 1코째의 짧은뜨기 머리에서 사슬 2겹을 주워 빼뜨기를 하면 4단이 완성된다.

5단

뜨개방법 그림을 참조해서 한 바퀴를 뜬다. 짧은뜨기와 한길긴뜨기는 아랫단의 사슬 3코를 다발에서 주워 뜬다.

5단이 완성된 모습.

▶ 준비물(모티브C)

- 실 _ 하마나카 오가닉 울 필드 베이지색(2번) 5g
- 용구 _ 코바늘 5/0호
- 완성치수 _ 8×8cm
- 뜨개방법 _ 원형코를 만들어 무늬뜨기로 모티브를 뜬다.

★ 모티브C의 뜨개방법

모티브C의 뜨기

시작코~1단

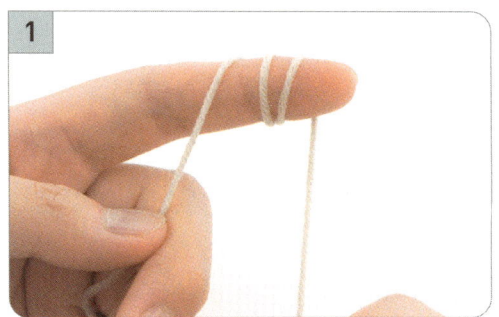

1. 원형코로 코를 만든다.

2. 기둥 1코를 뜬 후, 화살표와 같이 바늘을 넣어 짧은뜨기 1코를 뜬다.

3. 짧은뜨기가 완성된 모습.

4. 계속해서 사슬 3코를 뜬다.

짧은뜨기 1코와 사슬 3코를 7번 더 반복한다.

실의 고리를 조여 준 후, 1코째의 짧은뜨기 머리에서 사슬 2겹을 주워 빼뜨기를 한다. 1단이 완성된 모습.

2단

1단째의 사슬 3코를 다발에서 주워(p.32 참조), 빼뜨기를 한다.

기둥 3코 '한길긴뜨기 4코 구슬뜨기' ⑧~⑬

바늘에 실을 걸어 아랫단의 한길뜨기 머리에서 사슬 2겹을 주워 한길긴뜨기를 1코 뜬다.

※ 아랫단의 사슬을 다발에서 주워 뜰 경우, 뜨개방법 그림에서는 ◈을 ◈으로 표기하고 있다.

바늘에 실을 걸어 같은 코에 바늘을 넣고 한길긴뜨기를 1코 더 뜬다.

미완성의 한길긴뜨기 1코를 뜬 상태. 다음 한길긴뜨기도 같은 곳에 바늘을 넣어 미완성의 한길긴뜨기를 뜬다.

미완성의 한길긴뜨기 2코가 완성된 모습.

같은 방법으로 한 번 더 다발에서 주워 미완성의 한길긴뜨기를 2코 더 뜬 후, 바늘에 실을 걸어 화살표와 같이 한꺼번에 잡아 뺀다.

한길긴뜨기 4코 구슬뜨기가 완성된 모습.

사슬 3코

계속해서 사슬 3코를 뜬다.

한길긴뜨기 5코 구슬뜨기 ⑮~⑰

한길긴뜨기 4코 구슬뜨기와 같은 요령으로 미완성인 한길긴뜨기 5코를 뜬다.

바늘에 실을 걸어 한꺼번에 잡아 뺀다.

한길긴뜨기 5코 구슬뜨기가 완성된 모습.

계속해서 사슬 5코를 뜬다. 뜨개방법 그림을 참조해서 한길긴뜨기 5코 구슬뜨기와 사슬 3코, 혹은 사슬 5코를 반복해서 뜬다.

사슬 2코 · 한길긴뜨기 ⑲~㉑

마지막 구슬뜨기를 뜬 후, 계속해서 사슬 2코를 뜬다.

바늘에 실을 걸어 화살표와 같이 한길긴뜨기 4코 구슬뜨기의 머리에서 사슬 2겹을 주워 한길긴뜨기를 뜬다.

3단

2단이 완성된 모습.

기둥 1코를 뜬 후, 화살표와 같이 다발에서 주워 짧은뜨기를 뜬다.

계속해서 사슬 2코를 뜬다.

모서리 부분을 뜬다. 바늘에 실을 걸어 화살표와 같이 다발에서 주워 한길긴뜨기 3코를 뜬다.

한길긴뜨기 3코가 완성된 모습.
계속해서 사슬 3코를 뜬다.

같은 곳에 바늘을 넣어 한길긴뜨기 3코를 뜬다.

모서리 부분이 완성된 모습. 뜨개방법 그림을 참조해서 같은 방법으로 한길긴뜨기와 사슬뜨기를 반복해서 뜬다.

4단

뜨개방법 그림을 참조해서 3단과 같은 요령으로 뜬다.

마지막은 기둥 3코째에 바늘을 넣어 빼뜨기를 한다.

사각 모티브 머플러

p.43의 모티브 A를 이어서 만든 머플러입니다.
모티브를 미리 다 뜬 후, 반코 감아서 잇기로 모티브들을 이어 갑니다.
1은 울, 2는 면혼방 리넨 원단으로 떴습니다.

▶ **준비물**

- 실 _ ① 하마나카 오가닉 울 필드
  하늘색(5번) 100g
  ② 하마나카 Flax S 회색(23번) 110g
- 용구 _ ① 코바늘 5/0호
  ② 코바늘 4/0호
- 완성치수 _ 16×112cm
- 뜨개방법
  ① 원형코를 만들어 무늬뜨기로 모티브를 28장 뜬다.
  ② 모티브를 안끼리 맞댄 후, 반코 감아서 잇기로 꿰매어 잇는다.

반코 감아서 잇기

※ 알기 쉽도록 실색을 바꿨습니다.

돗바늘에 같은 실을 끼우고 모티브들을 바깥쪽이 겉이 되도록 맞대어 겹친 후, 화살표와 같이 사슬을 1겹씩 줍는다.

화살표와 같이 바늘로 줍고, 한 번 주울 때마다 실을 적당히 조여 준다.

이은 부분을 겉쪽에서 본 모습.

★ **모티브 정렬 방법**

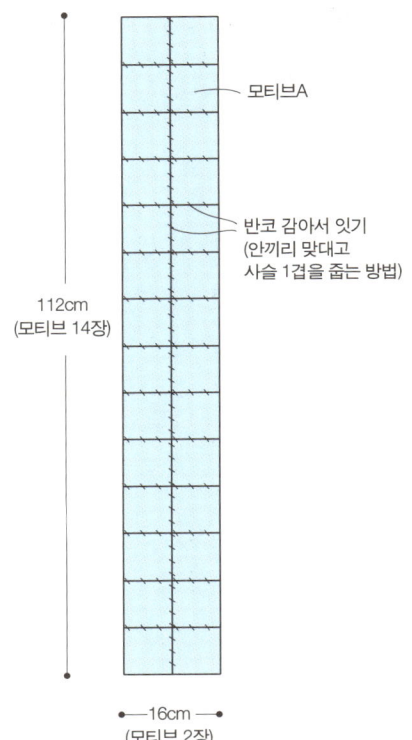

모티브A

반코 감아서 잇기
(안끼리 맞대고
사슬 1겹을 줍는 방법)

112cm
(모티브 14장)

16cm
(모티브 2장)

원형 모티브 머플러

p.47의 모티브B를 이어가며 만든 머플러입니다. 부드러운 촉감의 모헤어로 떴습니다. 먼저 모티브를 한 장 완성시킨 후, 두 장째부터는 뜨면서 이어 가는 방법으로 만듭니다.

▶ **준비물**

- 실 _ 하마나카 모헤어 회분홍색(78번) 40g
- 용구 _ 코바늘 4/0호
- 완성치수 _ 8.5×136cm
- 뜨개방법
  ① 원형코를 만들어 무늬뜨기로 모티브를 한 장 뜬다.
  ② 2장째부터는 마지막 단에서 이웃 모티브로 이어가면서 모티브를 모두 16장 뜬다.

★ **모티브 잇기**

1번 모티브를 완성한 후 2번 모티브를 뜨면서 화살표 앞쪽의 코에 빼뜨기로 잇는다.
2번 완성 후 같은 방식으로 계속 이어 붙인다.

★ **모티브 정렬 방법**

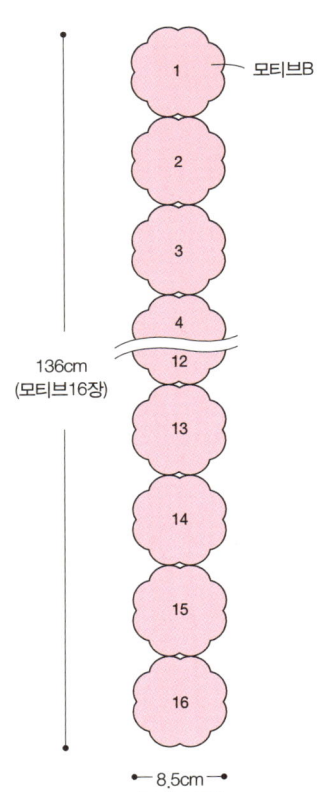

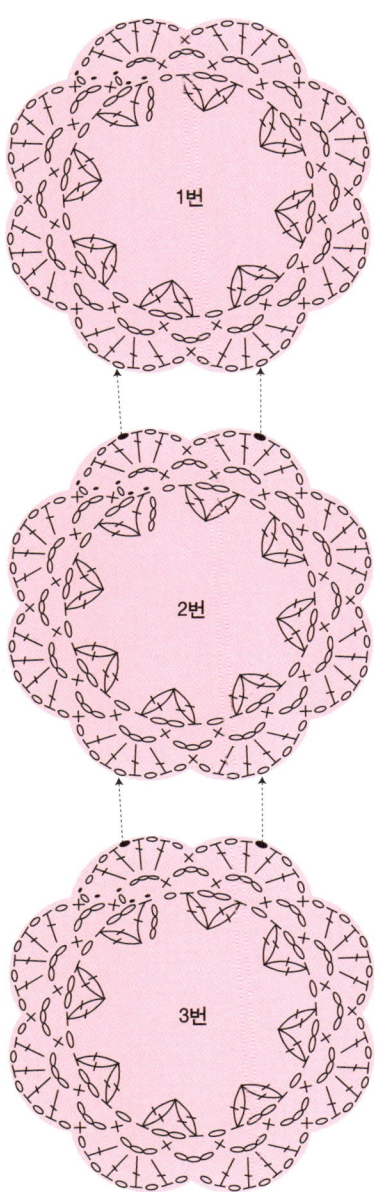

모티브 잇는 법

※ 모티브의 5단 중간에서 이웃 모티브에 잇는다.

완성된 1번 모티브에 2번 모티브를 이어 붙인다. 5단째 잇는 위치의 바로 앞 한길긴뜨기를 뜨고 나면, 일단 코 바늘을 빼고 1번 모티브의 겉쪽에서 바늘을 넣는다. 이때, 사슬을 다발에서 줍듯이 바늘을 넣는다.

일단 뺐던 코에 한 번 더 바늘을 넣어 화살표와 같이 빼낸다.

바늘에 실을 걸어 화살표와 같이 잡아 뺀다.

다음 한길긴뜨기부터는 5단의 남은 부분을 계속 이어서 뜬다.

같은 방법으로 두 곳을 잇는다.

포푸리 주머니

한가운데를 장식하고 있는 꽃 모양이 포인트인 포푸리 주머니.
p.51의 C를 응용한 2장의 모티브를 연결해서 만듭니다.
끈 끝에 뜨개구슬을 달아서 사랑스러운 주머니를 완성해 보세요.

1

2

▶ 준비물

- 실 _ 하마나카 Paume 《구사키조메
 (草木染め, 초목으로 염색한 실)
 ① 연두색(51번) 20g
 ② 새먼핑크색(53번) 20g
- 용구 _ 코바늘 5/0호
- 완성치수 _ 12×14.5cm
- 뜨개방법
 ① 원형코를 만들어 무늬뜨기로 모티브를 2장 뜬다.
 ② 모티브를 안끼리 맞댄 후, 세 변을 반코 감아서 잇기로 이어 준다.
 ③ 가장자리뜨기를 한다.
 ④ 끈을 떠서 가장자리뜨기에 끼운다.
 ⑤ 원형코를 만들어 뜨개구슬을 뜨고 끈 끝에 달아 준다.

★ 모티브 뜨개방법

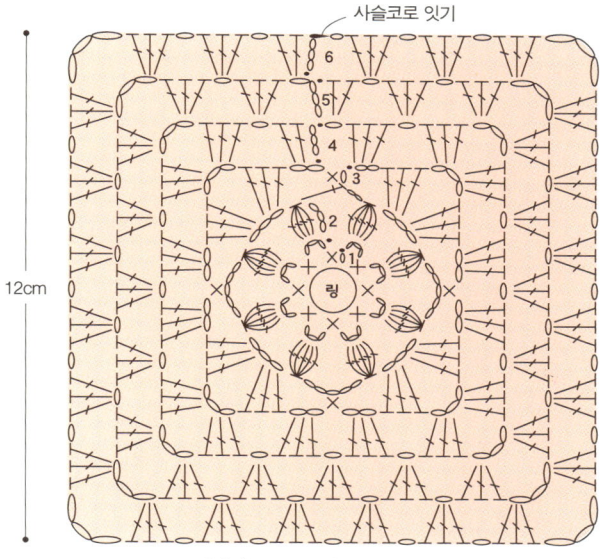

※ 4단까지는 p.51 모티브C와 같은 방법이다.
5·6단은 4단과 같은 요령으로 뜬다.

★ 주머니 뜨개방법

63

★ 뜨개구슬 뜨개방법

※ 뜨개구슬은 실을 20cm 정도 남기고 잘라서 마무리한다.

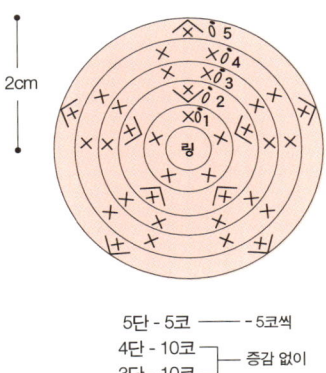

2cm

5단 - 5코 ── -5코씩
4단 - 10코 ┐
3단 - 10코 ┘ 증감 없이
2단 - 10코 ┐
1단 - 5코 ┘ +5코씩

★ 끈의 뜨개방법

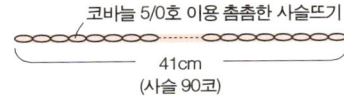

코바늘 5/0호 이용 촘촘한 사슬뜨기
41cm
(사슬 90코)

★ 마무리하기

① 모티브 2장을 안끼리 맞댄 후, 세 변을 꿰매어 잇는다.

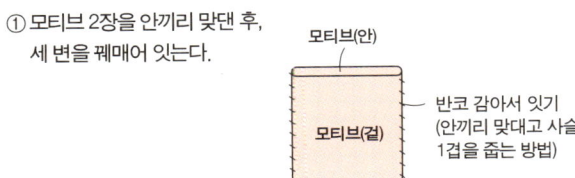

모티브(안)
모티브(겉)
반코 감아서 잇기
(안끼리 맞대고 사슬 1겹을 줍는 방법)

② 가장자리뜨기를 한다.

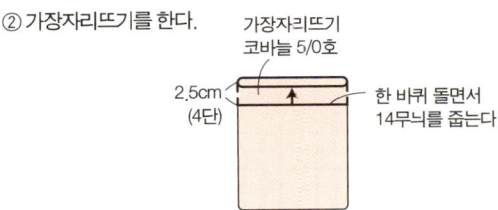

가장자리뜨기 코바늘 5/0호
2.5cm (4단)
한 바퀴 돌면서 14무늬를 줍는다

③ 끈을 가장자리뜨기의 좌우에서 끼우고 뜨개구슬을 단다.

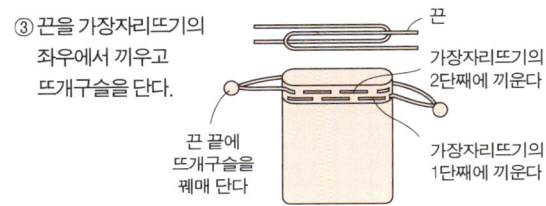

끈
가장자리뜨기의 2단째에 끼운다
끈 끝에 뜨개구슬을 꿰매 단다
가장자리뜨기의 1단째에 끼운다

🌸 모티브 반코 감아서 잇기

1

돗바늘에 같은 실을 끼워 모티브들을 바깥쪽이 겉이 되도록 맞대어 겹친 후, 사슬을 1겹씩 줍는다.

2

※ 알기 쉽도록 실색을 바꿨습니다.

화살표와 같이 1코씩 주우면서 세 변을 잇는다.

완성된 모습

🌸 가장자리뜨기

1단

모티브의 6단째를 다발에서 줍고 바늘에 실을 걸어 화살표와 같이 빼낸다.

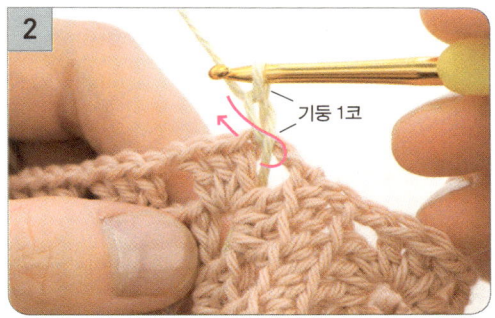

기둥 1코를 뜬 후, 화살표와 같이 다발에서 주워 짧은뜨기를 뜬다.

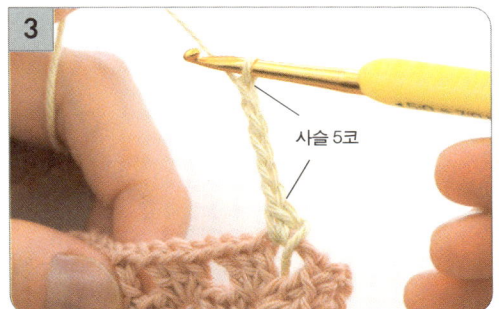

계속해서 사슬 5코를 뜬다.

같은 방법으로 짧은뜨기와 사슬 5코를 반복해서 뜬다.

마지막의 짧은뜨기를 뜨고 나서 사슬 2코를 뜨고 바늘에 실을 건 후, 1코째의 짧은뜨기 머리에서 사슬 2겹을 주워 한길긴뜨기를 뜬다.

1단이 완성된 모습.

2~4단

기둥 1코를 뜬 후, 화살표와 같이 다발에서 주워 짧은뜨기를 뜬다.

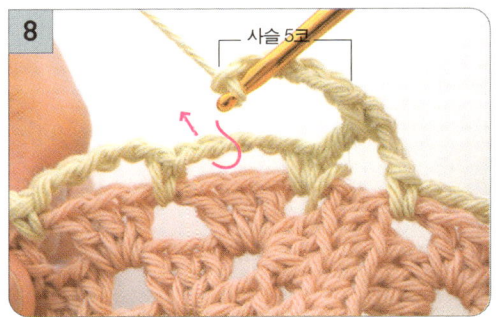

계속해서 사슬 5코를 뜬 후, 아랫단의 사슬 5코를 다발에서 주워 짧은뜨기를 뜬다.

짧은뜨기 1코가 완성된 모습.

같은 방법으로 사슬 5코와 짧은뜨기 1코를 반복하고, 4단의 마지막은 1코째의 짧은뜨기 머리에서 사슬 2겹을 주워 빼뜨기를 한다.

 ## 끈 끼우기

가장자리뜨기의 1단째 무늬 속에 오른쪽 옆부터 한 바퀴 빙 둘러 끈을 끼운다.

가장자리뜨기의 2단째 무늬 속에 왼쪽 옆부터 한 바퀴 빙 둘러 끈을 끼운다.

뜨개구슬 5단째의 뜨개방법

⚒ 짧은뜨기 2코 모아뜨기 ①~④

기둥 1코를 뜬 후, 화살표와 같이 아랫단의 마지막 빼뜨기를 한 코에 바늘을 넣는다.

바늘에 실을 걸어 빼낸 후, 화살표와 같이 이웃 코에 바늘을 넣는다.

바늘에 실을 걸어 빼낸 후, 한 번 더 바늘에 실을 걸어 한꺼번에 잡아 뺀다.

짧은뜨기 2코 모아뜨기가 완성된 모습. 남은 코도 같은 방법으로 뜨고, 마지막은 처음의 짧은뜨기 2코 모아뜨기 머리에서 사슬 2겹을 주워 빼뜨기를 한다.

뜨개구슬 달기

뜨개구슬 안에 2줄의 끈 끝을 끼워 넣는다. 뜨개구슬의 실 끝을 돗바늘에 끼운 후, 5단째 머리의 사슬 1겹씩에 한 바퀴 빙 둘러 끼우고 조여 준다.

끈이 빠져나가지 않도록 확실히 꿰매어 고정한다.

뚜껑 달린 파우치

하나쯤 있으면 여러 모로 쓸모 있는 작은 파우치. 짧은뜨기로 만든 본판에 뚜껑 모티브를 단 디자인으로, 모티브는 p.47의 B를 두 가지 색을 사용하여 떴습니다. 단춧구멍은 뜨개조직의 틈을 이용하여 만들었습니다.

1

2

▶▶ 준비물

- 실 _ 하마나카 FAIR LADY 50
  ① 연갈색(46) 20g, 초록색(13) 5g
  ② 연갈색(46) 20g, 벽돌색(76) 5g
- 용구 _ 코바늘 5/0호
- 부재료 _ 단추(15mm) 각 1개
- 완성치수 _ 10×10.5cm
- 뜨개방법
  ① 사슬뜨기로 시작코를 만들어 짧은뜨기로 본판을 뜬다.
  ② 원형코를 만들어 무늬뜨기로 모티브를 뜬다.
  ③ 모티브를 본판에 잇는다.
  ④ 단추를 단다.

★ 배색

	1·2·4·5단	3단
1	초록색	연갈색
2	벽돌색	연갈색

★ 모티브 뜨개방법

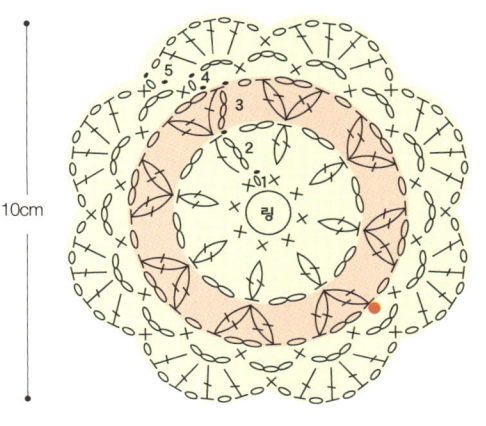

● = 단춧구멍

※ 모티브의 뜨개방법은 p.47 모티브의 뜨개방법과 같은 방법이다.

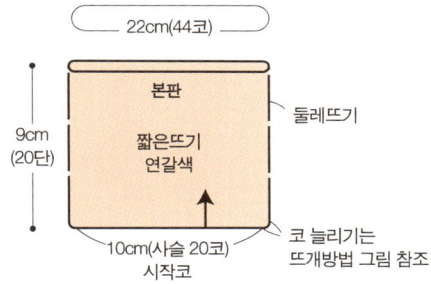

★ 본판 뜨개방법

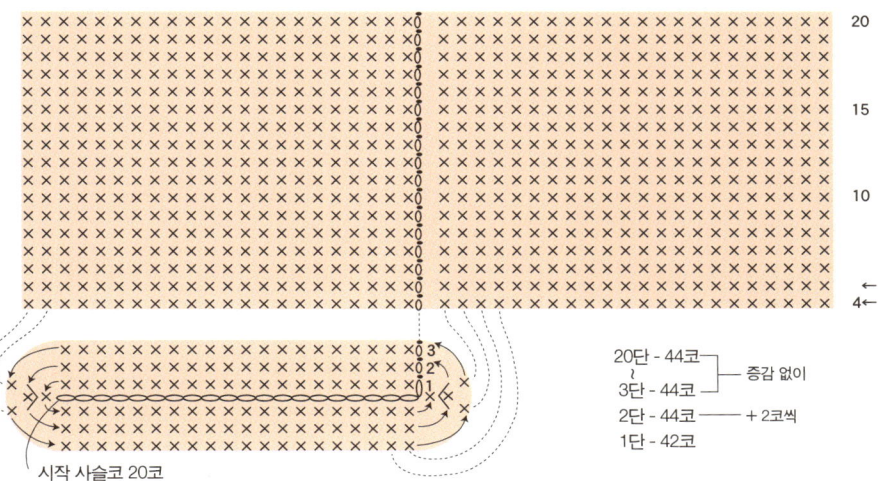

20단 - 44코 ── 증감 없이
3단 - 44코
2단 - 44코 ── +2코씩
1단 - 42코

★ **마무리하기**

① 모티브를 본판에 잇는다.

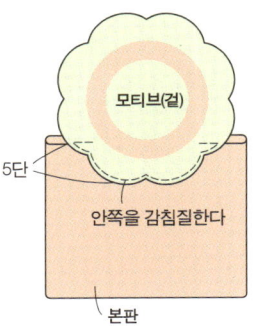

5단
안쪽을 감침질한다
모티브(겉)
본판

② 단추를 단다.

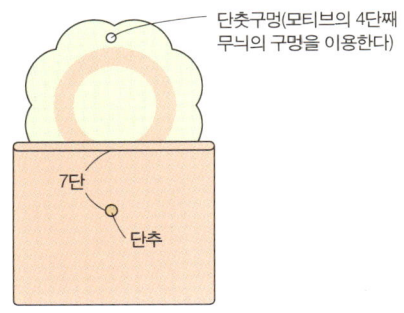

단춧구멍(모티브의 4단째 무늬의 구멍을 이용한다)
7단
단추

🌸 **본판 뜨기**

시작코~1단

1. 사슬뜨기로 시작코 20코를 만든다.

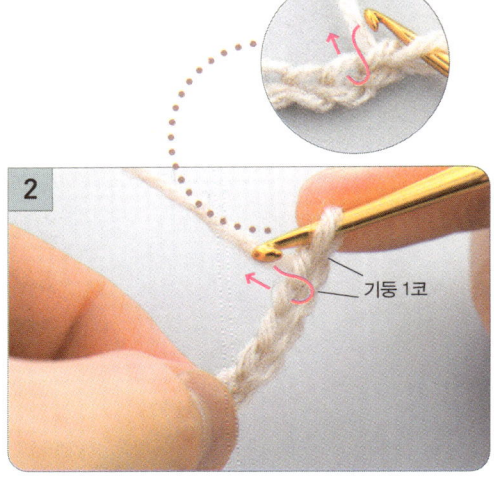

시작코의 사슬에서 위 1겹을 줍는다.

기둥 1코

2. 1단째의 기둥 1코를 뜬 후, 짧은뜨기를 한다.

3. 짧은뜨기 1코가 완성된 모습.

4. 시작코의 사슬 1코 당 짧은뜨기를 1코씩 떠나간다.

20코째와 같은 곳에 바늘을 넣고 짧은뜨기를 한 번 더 뜨면 본판의 옆선이 된다.

편물의 방향을 바꾸어 사슬의 남은 한 가닥을 주워가면서 반대쪽도 마찬가지로 짧은뜨기 20코를 뜬다.

같은 코에 바늘을 넣어 또 한 번 짧은뜨기를 하면 다시 한쪽 옆선이 된다.

마지막은 1코째의 짧은뜨기 머리에서 사슬 2겹을 주워 바늘을 넣고 빼뜨기를 한다.

2단

2단은 옆선의 짧은뜨기에 짧은뜨기를 2번 떠 넣는다.

3~20단

코를 늘리지 않고 짧은뜨기로 떠 올라간다.

❀ 모티브 배색 방법

2단 마지막에서 빼뜨기를 할 때, 연갈색 실로 바꾸어 뜬다.

2단을 다 뜨면, 2단에서 사용한 실은 쉬어 둔다.

3단은 모두 연갈색 실로 뜬다.

빼뜨기로 4단을 시작할 때, 2단에서 쉬어 둔 실로 바꾸어 뜬다.

안쪽은 그림과 같이 2단째의 실이 건넌 상태이다. 연갈색 실 끝은 나중에 편물 안쪽에 숨겨서 마무리한다. 뜨개방법 그림을 참조해서 모티브를 뜬다.

🌸 모티브를 본판에 달기

시침핀을 이용해 모티브를 본판의 연결할 위치에 고정한다.

※ 사진에서는 알기 쉽도록 실색을 바꿨습니다.

모티브의 5단째와 같은 색 실을 돗바늘에 끼운다.

모티브 안쪽과 본판의 겉쪽을 주워가면서 감친다.

모티브와 본판을 이어 완성한 모습.

방울 달린 모자

풍성한 방울이 포인트인 모자. 캐주얼한 옷차림에 매치하면 더욱 세련돼 보입니다. 정수리 부분부터 한길긴뜨기로 떠 나갑니다. 취향에 따라 색을 바꿔 떠도 좋아요.

▶▶ 준비물

· 실 _ 하마나카 오가닉 울 필드
회색(13번) 50g, 황갈색(1번) 25g

· 용구 _ 코바늘 5/0호

· 완성치수 _ 머리둘레 53.5cm

· 뜨개방법
① 원형코를 만들어 한길긴뜨기 줄무늬로 모자를 뜬다.
② 뜨개방울을 만들어 꼭대기에 단다.

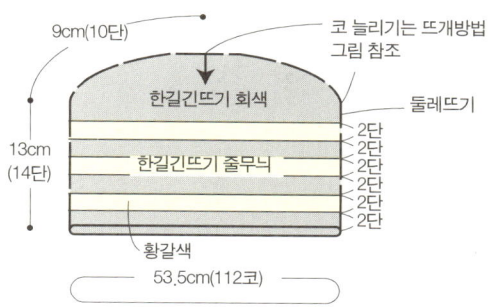

9cm(10단)
코 늘리기는 뜨개방법
그림 참조
한길긴뜨기 회색
둘레뜨기
13cm
(14단)
한길긴뜨기 줄무늬
2단
2단
2단
2단
2단
2단
황갈색
53.5cm(112코)

★ 뜨개방법

회색
황갈색
회색
황갈색
회색
황갈색
24
20
15
12
황갈색
회색
링
24단 - 112코
~
11단 - 112코
증감 없이
10단 - 112코
9단 - 105코
8단 - 98코
7단 - 91코
+ 7코씩
6단 - 84코
5단 - 70코
4단 - 56코
3단 - 42코
2단 - 28코
1단 - 14코
+ 14코씩

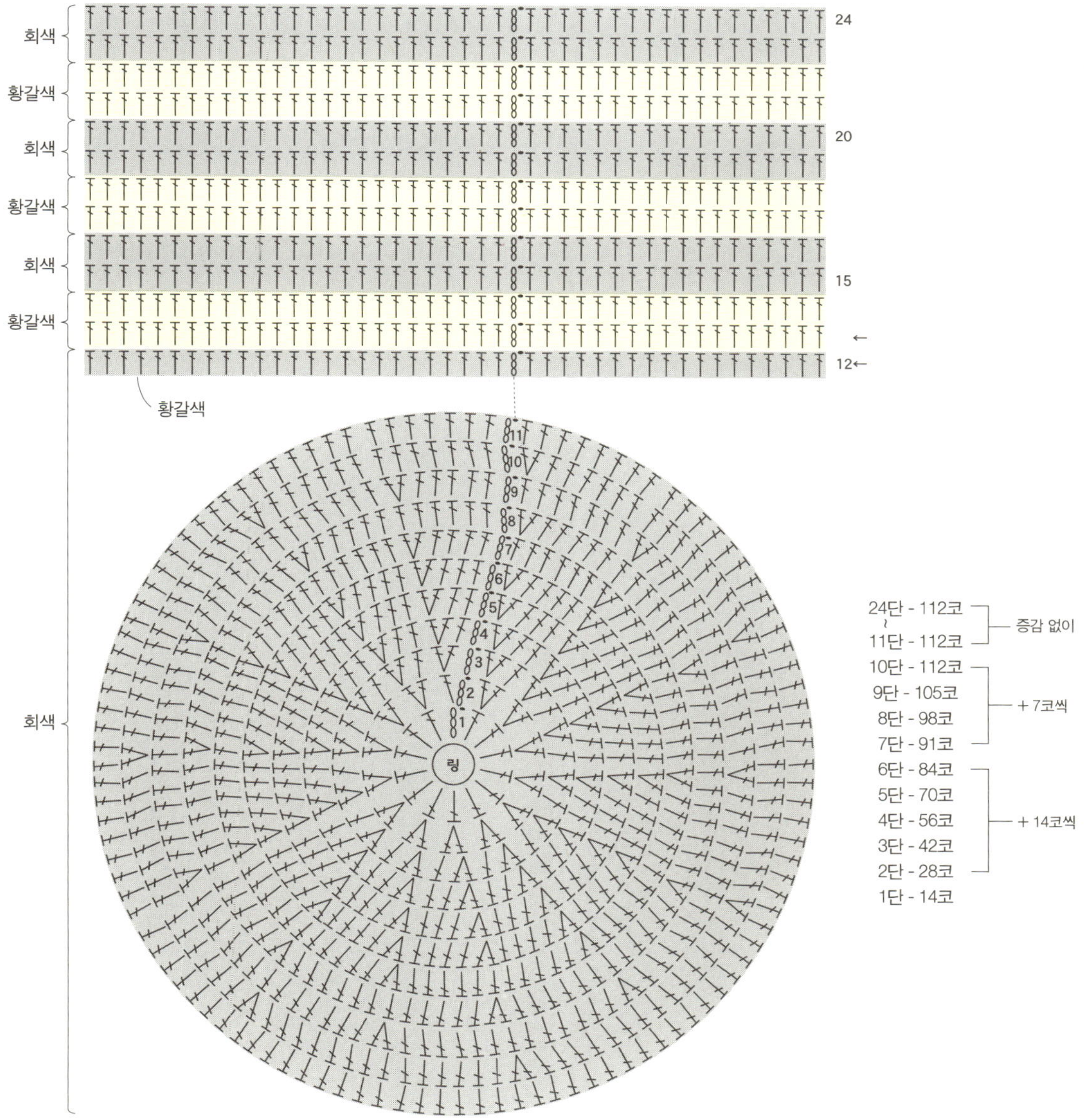

🌸 배색방법

회색 실로 12단의 마지막 한길긴뜨기까지 뜬 후, 황갈색 실로 바꿔서 빼뜨기를 한다. 회색 실은 쉬어 둔다.

기둥 3코를 뜬 후, 황갈색 실로 2단을 뜬다.

14단의 마지막 빼뜨기를 쉬어 둔 회색 실로 바꿔서 뜬다.

같은 방법으로 2단마다 색을 바꿔서 뜬다. 안쪽에는 실이 건넌다.

🌸 뜨개방울 만드는 법

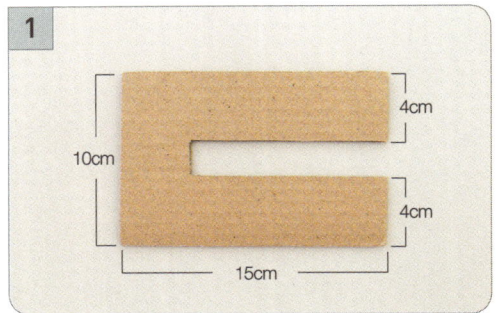

골판지를 사진과 같은 형태로 자른다. 중간에 변형되지 않는 딱딱한 골판지를 사용한다.

회색 실 1가닥과 황갈색 실 2가닥을 모아서 골판지에 70번 정도 감는다.

70번을 감고 나서 실을 자른다.

가운데 구멍에 같은 실을 끼워 세게 조이면서 2번 묶는다.

감긴 실을 골판지에서 빼낸다.

감긴 실의 고리 부분을 위아래 모두 가위로 자른다.

예쁜 공 모양이 되도록 실의 길이를 맞추어 가지런히 자른다. 가운데 묶은 실을 자르지 않도록 주의한다. 직경 9cm가 될 때까지 가지런히 자른다.

가운데 묶어준 실을 돗바늘에 끼워 모자 꼭대기에 단다.

꽃 코사지 장식 모자

뜨개방법은 p.74의 방울 달린 모자와 같습니다.
방울 대신 옆면에 코사지를 달았습니다.
은은한 분홍색으로 떠서 한층 더 여성스러운 분위기를 살렸습니다.

▶▶ 준비물

· 실 _ 하마나카 오가닉 울 필드
  분홍색(7번) 60g
· 용구 _ 코바늘 5/0호
· 완성치수 _ 머리둘레 53.5cm
· 뜨개방법
  ① 원형코를 만들어 한길긴뜨기로 모자를 뜬다.(p.74방울 달린 모자와 동일)
  ② 원형코를 만들어 파츠 A · C를 뜬 후, 모자 옆면에 달아 준다.

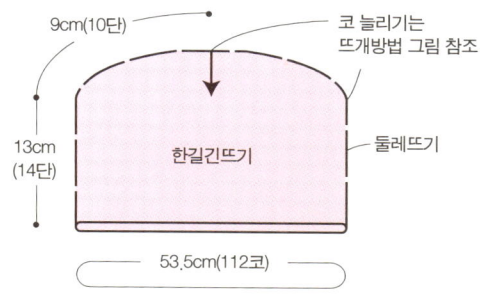

★ 파츠A의 뜨개방법

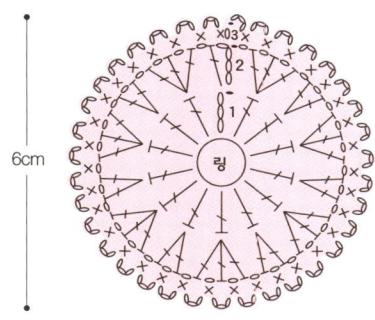

★ 파츠C의 뜨개방법

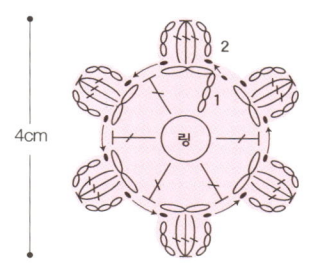

※ 파츠A의 뜨개방법은 p.102,
파츠C의 뜨개방법은 p.108 참조.

★ 마무리하기

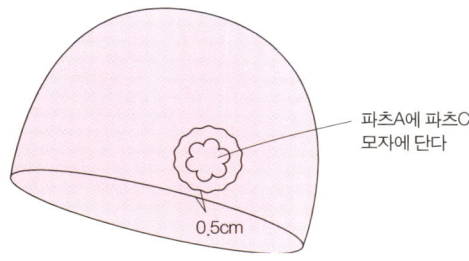

파츠A에 파츠C를 겹쳐서 모자에 단다

깔끔한 헤어밴드

하트 모양 구슬뜨기가 포인트인 헤어밴드입니다.
편물의 겉쪽을 보면서 원통 모양으로 뜨면 되는데,
시크한 색상의 실을 사용하면 코디하기 더욱 좋습니다.

▶▶ 준비물

· 실 _ ① 하마나카 엑시드 울 L 밝은 회색(327번) 30g
       ② 하마나카 엑시드 울 L 《나미부토》 회갈색
       (331번) 30g

· 용구 _ 코바늘 6/0호

· 완성치수 _ 머리둘레 48cm

· 뜨개방법
  ① 사슬뜨기로 원형코를 만들어 무늬뜨기로
     헤어밴드를 뜬다.
  ② 계속해서 가장자리뜨기를 한다.
  ③ 시작코 쪽에도 가장자리뜨기를 한다.

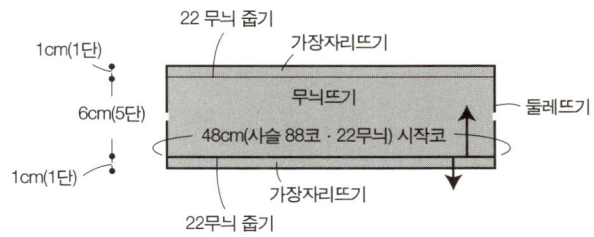

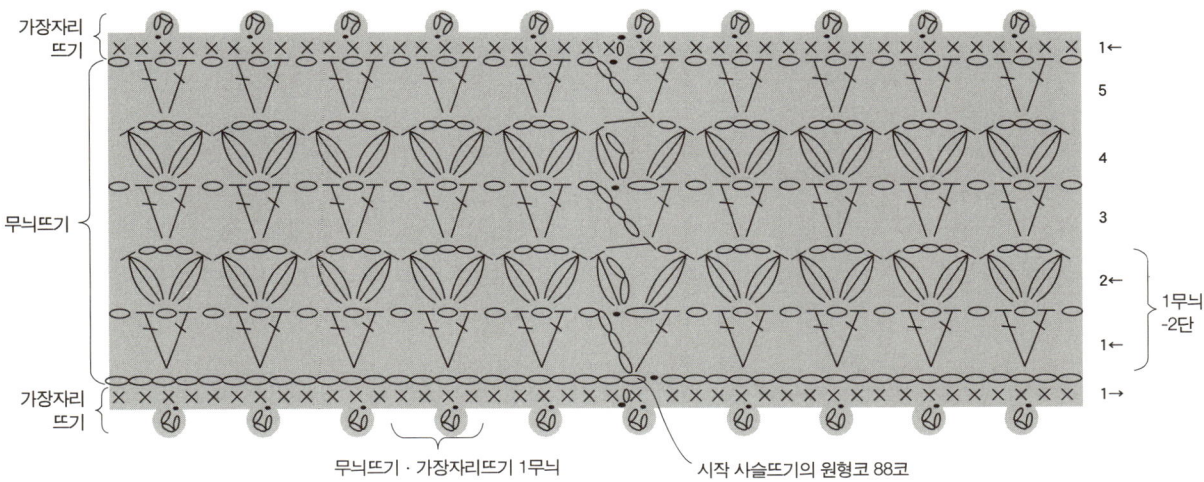

★ 뜨개방법

1 시작코 만들기

사슬뜨기 시작코를 88코 만든다.

사슬뜨기로 원형코 만들기

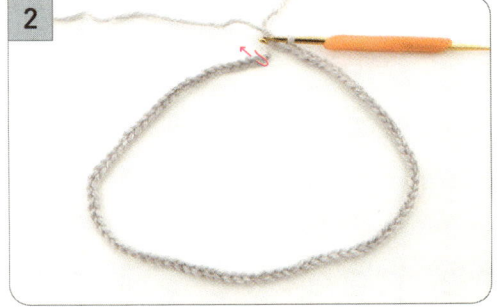

시작코의 사슬이 꼬이지 않도록 한 후, 1코째 사슬에
바늘을 넣는다(사슬 위의 1겹과 뒷산을 줍는다).

81

바늘에 실을 걸어 한꺼번에 빼낸다.

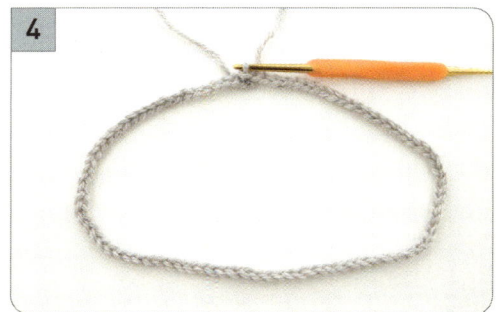

원형코가 완성된 모습.

2 1단 뜨기

의 뜨개방법 ⑥~⑩

기둥 3코를 뜬 후 계속해서 사슬 1코를 뜬다.

바늘에 실을 걸어 화살표와 같이 시작코의 5코째에 바늘을 넣어 한길긴뜨기를 뜬다.

한길긴뜨기 1코가 완성된 모습.

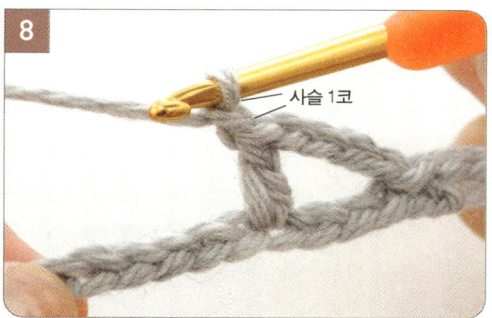

계속해서 사슬 1코를 뜬다.

바늘에 실을 건 후, 앞서 뜬 한길긴뜨기와 같은 코에 바늘을 넣어 한길긴뜨기 1코를 뜬다.

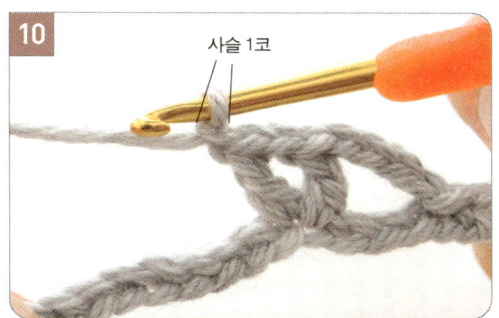

계속해서 사슬 1코를 뜬다. 여기까지해서 1무늬가 된다.

같은 방법으로 무늬를 반복해서 뜬다. 다음 한길긴뜨기는 4코째의 사슬에 바늘을 넣어 뜬다.

한길긴뜨기 1코가 완성된 모습.

무늬를 반복해서 한 바퀴 뜬 후, 마지막 한길긴뜨기는 화살표와 같이 시작코의 1코째 사슬에 바늘을 넣어 한길긴뜨기를 뜬다.

사슬 1코를 뜬 후, 기둥코 3코째에 바늘을 넣어 빼뜨기를 한다.

1단이 완성된 모습.

3 2단 뜨기

기둥 2코 · 긴뜨기 2코 구슬뜨기 ⑯~⑳

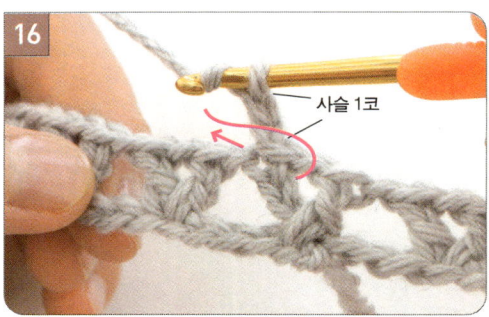

바늘에 실을 걸어 아랫단의 한길긴뜨기 머리에서 사슬 2겹을 주워 한길긴뜨기를 1코 뜬다.

바늘에 실을 걸어 같은 코에 바늘을 넣고 한길긴뜨기를 1코 더 뜬다.

바늘에 실을 걸고 한 번 더 같은 곳에 바늘을 넣어 실을 빼낸다.

바늘에 실을 걸어 한꺼번에 빼낸다.

긴뜨기 3코 구슬뜨기 ㉑~㉔

20 긴뜨기 2코 구슬뜨기가 완성된 모습.

21 바늘에 실을 걸고 화살표와 같이 바늘을 넣어 실을 빼낸다.

22 두 번 더 반복한다.

23 바늘에 실을 걸어 한꺼번에 빼낸다.

24 긴뜨기 3코 구슬뜨기가 완성된 모습.

25 계속해서 사슬 3코를 뜬다.

앞서 뜬 긴뜨기 3코 구슬뜨기코와 같은 곳에 바늘을 넣은 후, 긴뜨기 3코 구슬뜨기를 한 코 더 뜬다.

'긴뜨기 3코 구슬뜨기코 · 사슬 3코 · 긴뜨기 3코 사슬뜨기코'를 1무늬로 한다.

긴뜨기 ㉙~㉛

무늬를 반복해서 한 바퀴 뜬다.

마지막의 긴뜨기 3코 구슬뜨기코를 뜨고 나면, 계속해서 사슬 1코를 뜬다. 바늘에 실을 걸어 긴뜨기 2코 구슬뜨기코에 바늘을 넣는다.

바늘에 실을 걸어 화살표와 같이 빼낸다.

바늘에 실을 걸어 한꺼번에 빼낸다.

긴뜨기로 2단이 완성된 모습.

4 3~5단 뜨기

3~5단은 1~2단을 반복한다.

3단과 5단의 한길긴뜨기는 아랫단의 사슬 3코를 다발에서 주워 뜬다.

5 가장자리뜨기

🧶 피코뜨기 ㉟~㊲

1. 5단에 이어서 가장자리뜨기를 한다. 기둥 1코와 짧은뜨기 4코를 뜬다. 아랫단이 사슬코인 부분은 화살표와 같이 다발에서 주워 뜬다.

사슬 3코

짧은뜨기에 이어서 사슬 3코를 뜬 후, 화살표와 같이 짧은뜨기에 바늘을 넣는다.

바늘에 실을 걸어 한꺼번에 빼낸다.

피코뜨기가 완성된 모습. 짧은뜨기 4코와 피코뜨기를 반복해서 한 바퀴 뜬 후, 마지막은 1코째의 짧은뜨기 머리에서 사슬 2겹을 주워 빼뜨기를 한다.

시작코 쪽에도 같은 방법으로 가장자리뜨기를 한다.

완성된 모습.

여성스러운 미니 스톨

폭넓고 짧은 길이의 스톨은 4단마다 구슬뜨기를 떠서 스트라이프 모양을 만들어 줍니다. 그물같은 편물이라서 무겁지 않고 가벼운 느낌이 들어 좋습니다. 앞부분을 퀼트핀으로 고정하면 더욱 여성스러워 보인답니다.

▶ 준비물

- 실 _ 하마나카 오가닉 울 필드
  베이지색(2번) 140g
- 용구 _ 코바늘 5/0호
- 완성치수 _ 30×81cm
- 뜨개방법 _ 사슬뜨기로 시작코를 만들어
  무늬뜨기로 스톨을 뜬다.

※스톨(stole, 좁고 긴 여자용 숄)

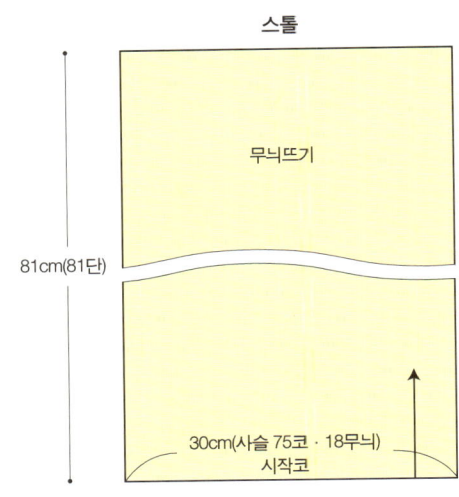

스톨

무늬뜨기

81cm(81단)

30cm(사슬 75코 · 18무늬)
시작코

★ 포인트

뜨개질하는 사람의 손놀림에 따라 편물이 느슨하거나
빡빡해지므로, 지정 실과 바늘로 뜨더라도 치수가 맞지
않는 경우에는 바늘의 굵기를 바꿔서 떠보세요.
치수가 커졌다면 느슨하게 떠진 것이므로 1~2호 정도 가는 바늘로 뜨고,
반대로 치수가 작아진 경우에는 빡빡하게 떠진 것이므로
1~2호 정도 굵은 바늘로 뜨면 됩니다.

★ 뜨개방법

※ 무늬뜨기의 뜨개 방법은 p.81 헤어밴드 참조.

시작 사슬코 75코

1무늬 - 4단
1무늬 - 4코

포인트 핸드 워머

소매 쪽에 포인트를 줄 수 있는 핸드 워머.
부채꼴 모양의 귀여운 솔잎뜨기는 복잡해 보이지만
익숙해지면 간단히 뜰 수 있는 뜨개방법입니다.

▶ **준비물**

- 실 _ 하마나카 Paume 《무쿠와타》 니트 황갈색(21번) 30g
- 용구 _ 코바늘 5/0호
- 완성치수 _ 손목둘레 20cm
- 뜨개방법 _ 사슬뜨기로 원형코를 만들고 무늬뜨기로 핸드 워머를 뜬다.

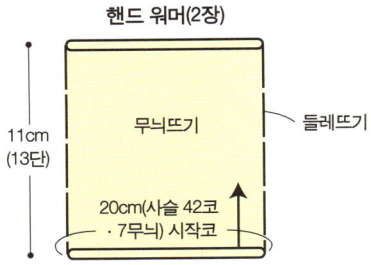

핸드 워머(2장)

11cm (13단)

무늬뜨기 / 둘레뜨기

20cm(사슬 42코 · 7무늬) 시작코

★ **뜨개방법**

1무늬-6코
시작 사슬뜨기의 원형코 42코
1무늬-2단

사슬뜨기의 원형코가 완성된 모습.

1 시작코 만들기

사슬뜨기의 시작코로 42코를 만든다.

시작코의 첫번째 사슬에 바늘을 넣어 빼뜨기를 한다.

2 1단 뜨기

기둥 1코를 뜬다.

시작코의 첫번째 사슬에 바늘을 넣어 짧은뜨기를 한다.

한길긴뜨기 5번 1코에서 뜨기(솔잎뜨기) ⑤~⑦

바늘에 실을 걸고 다음 사슬 3코째에 바늘을 넣어 한길긴뜨기를 뜬다.

같은 코에 바늘을 넣어 한길긴뜨기를 4코 더 뜬다.

한길긴뜨기 5번 1코에서 뜨기(솔잎뜨기)가 완성된 모습.

다음 사슬 3코째에 바늘을 넣어 짧은뜨기를 한다.

한길긴뜨기 5번 1코에서 뜨기와 짧은뜨기 1코를 반복한다.

마지막은 1코째의 짧은뜨기 머리에서 사슬 2겹을 주워 빼뜨기를 한다.

3 2단 뜨기

기둥 3코를 뜬 후, 계속해서 사슬 1코를 뜬다.

바늘에 실을 걸어 아랫단의 짧은뜨기 머리에서 사슬을 주워 한길긴뜨기 1코를 뜬다.

아랫단의 한길긴뜨기 5코의 안, 3코째에 바늘을 넣어 짧은뜨기 1코를 뜬다.

짧은뜨기가 완성된 모습.

의 뜨개방법 ⑤~⑦

5 바늘에 실을 건 후, 아랫단의 짧은뜨기에 바늘을 넣어 한길긴뜨기 1코를 뜬다.

6 계속해서 사슬 1코를 뜬 후, 같은 코에 바늘을 넣어 한길긴뜨기 · 사슬 1코 · 한길긴뜨기를 뜬다.

7 1무늬가 완성된 모습. 무늬를 반복해서 한 바퀴 뜬다.

8 마지막 짧은뜨기를 뜨고 나면, 바늘에 실을 걸어 화살표와 같이 1단째의 처음 짧은뜨기에 바늘을 넣은 후, 한길긴뜨기 1코를 뜬다.

9 계속해서 사슬 1코를 뜬 후, 기둥 3코째에 바늘을 넣어 빼뜨기를 한다.

10 2단이 완성된 모습.

4. 3~13단 뜨기

1~2단째를 반복해서 뜬다.

13단이 완성된 모습.

5. 실 끝 처리하기

시작 부분과 끝 부분의 실 끝을 돗바늘에 끼운 후, 편물 안쪽에 3~4cm 정도 통과시키고 여분의 실을 자른다.

6. 한 장 더 뜨기

같은 방법으로 한 장을 더 뜨면 완성된다.

내추럴 미니백

가벼운 외출에 간편하게 사용하기 좋고,
손쉽게 뜰 수 있는 내추럴 미니백입니다.
바닥 부분은 짧은뜨기, 옆면은 솔잎뜨기로 뜬 가방입니다.

▶ 준비물
- 실 _ 하마나카 Paume《이로와타(色綿, 염색하지 않은 자연의 색상으로 만들어진 실)》담갈색(32번) 75g
- 용구 _ 코바늘 5/0호
- 완성치수 _ 28×14.5cm
- 뜨개방법
  ① 원형코를 만들어 짧은뜨기로 바닥을 뜬다.
  ② 바닥에서 코를 주워 무늬뜨기·짧은뜨기로 옆면을 뜬다.
  ③ 사슬뜨기로 시작코를 만들어 짧은뜨기로 손잡이를 뜬 후 가방에 단다.

★ 가방

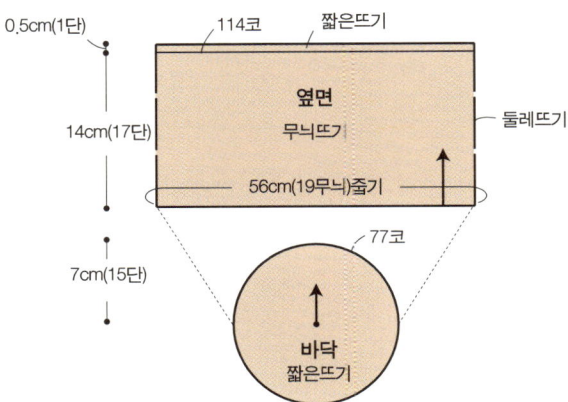

★ 손잡이(2개)

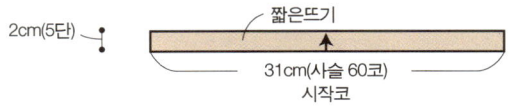

★ 손잡이 뜨개방법

★ 마무리하기

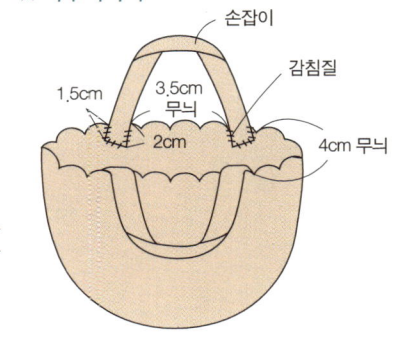

🌸 손잡이 다는 법

※ 알기 쉽도록 실색을 바꿨습니다.

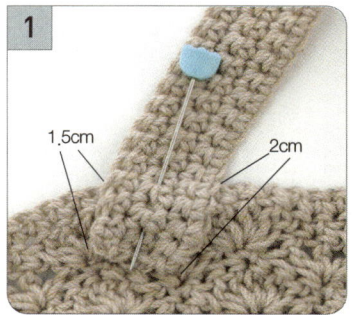

사진처럼 가방 안쪽에 손잡이를 비스듬히 대고 시침핀으로 고정한다.

돗바늘에 같은 실을 끼워 주위를 감침질한다.

비스듬히 달아준 모습. 실 끝은 편물에 통과시켜서 처리한다.

★ 가방 뜨개방법

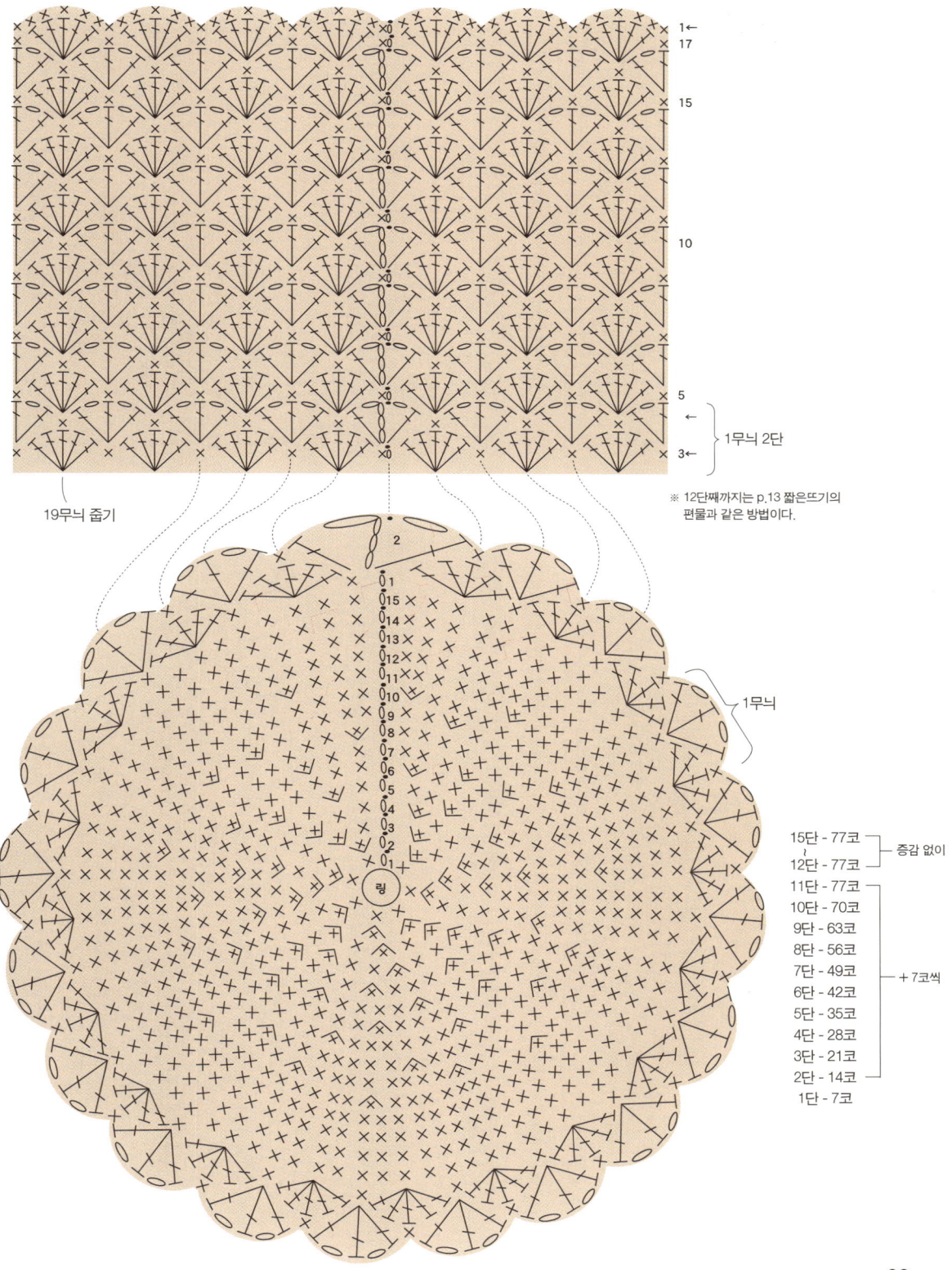

파츠 뜨기

여기저기 쓰임새가 많은 멋스러운 파츠를 떠보세요.
자그마한 다섯 종류의 파츠를 매치해서 사용하면 더욱 귀엽습니다.

파츠 매치하기

같은 종류의 파츠를 색을 달리해서 매치하거나 여러 종류의 파츠를 겹치면 다양하게 만들 수 있습니다.

D(흰색) + B(연두색) + B(분홍색)

C와 D의 파츠를 레이스 위에 번갈아 놓기

B(흰색) + E(3가지 색)

D(분홍색) + B(흰색) + A(연두색)

A의 파츠를 3색으로 매치하기

D + C + E를 각각 흰색과 연두색으로

▶ 준비물

- 실 _ 하마나카 Paume《구사키조메》
  연두색(51번) 약간,
  하마나카 Paume《무쿠와타》
  니트 황갈색(21번) 약간,
  하마나카 Paume《구사키조메》
  새먼핑크색(53번) 약간
- 용구 _ 코바늘 5/0호
- 완성치수 _ 직경 6cm
- 뜨개방법 _ 원형코를 만들어 무늬뜨기로 파츠A를 뜬다.

★ 파츠A의 뜨개방법

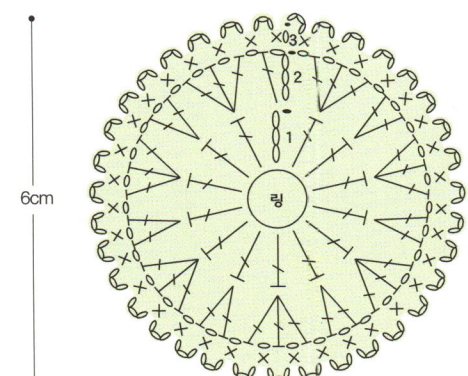

파츠 A 뜨기

1단 뜨기

1. 원형코를 만든 후 기둥 3코를 뜬다.

2. 바늘에 실을 걸어 시작코의 고리 안에 한길긴뜨기를 한다.

3. 한길긴뜨기 1코가 완성된 모습. 같은 방법으로 한길긴뜨기를 12코 더 뜬다.

4. 시작코의 실을 조여 준 후, 기둥 3코째에 빼뜨기를 한다.

2단 뜨기

기둥 3코를 뜬 후, 계속해서 사슬 1코를 뜬다.

1단째의 기둥 3코째에 바늘을 넣어 한길긴뜨기 1코를 뜬다.

계속해서 사슬 1코를 뜬다.

다음 한길긴뜨기코에 바늘을 넣어 한길긴뜨기 1코와 사슬 1코를 3번 뜬다.

다음 한길긴뜨기코에 한길긴뜨기 1코와 사슬 1코를 2번 뜬다.

무늬를 반복해서 한 바퀴 뜬 후, 기둥 3코째에 바늘을 넣어 빼뜨기를 한다.

3단 뜨기

11	12

2단이 완성된 모습.

기둥 1코를 뜬다.

화살표와 같이 2단째의 사슬코를 다발에서 주워 짧은뜨기를 뜬다.

계속해서 사슬 3코를 뜬다.

짧은뜨기 1코와 사슬 3코를 반복해서 한 바퀴 뜬 후, 마지막은 1코째의 짧은뜨기 머리에서 사슬 2겹을 주워 빼뜨기를 한다.

파츠A가 완성된 모습.

▶ 준비물

- 실 _ 하마나카 Paume《구사키조메》
  연두색(51번) 약간,
  하마나카 Paume《무쿠와타》
  니트 황갈색(21번) 약간,
  하마나카 Paume《구사키조메》
  새먼핑크색(53번) 약간
- 용구 _ 코바늘 5/0호
- 완성치수 _ 직경 6cm
- 뜨개방법 _ 원형코를 만들어 무늬뜨기로 파츠B를 뜬다.

★ 파츠 B의 뜨개방법

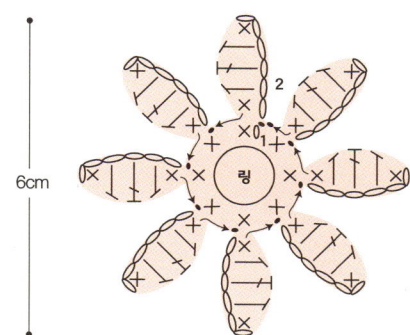

파츠B 뜨기

시작코 뜨기

원형코를 만든다.

시작코의 고리 안에 짧은뜨기를 한다.

1단 뜨기

기둥 1코를 뜬다.

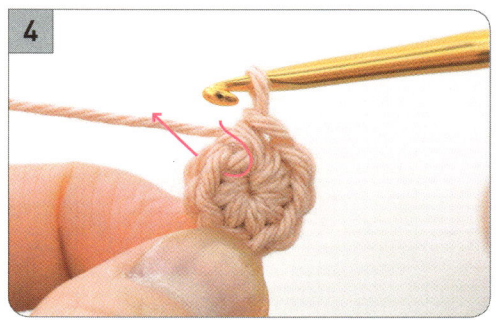

같은 방법으로 짧은뜨기를 7코 더 뜬다. 시작코의 실을 조여 준 후, 1코째의 짧은뜨기 머리에서 사슬 2겹을 주워 빼뜨기를 해주면 1단이 완성된다.

2단 뜨기

사슬 6코를 뜬다.

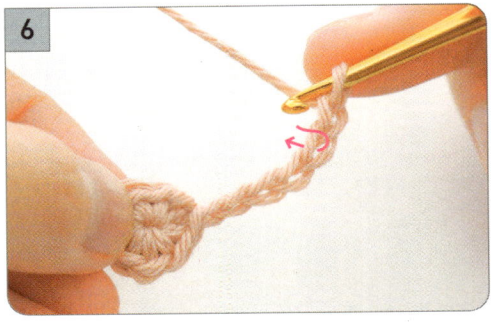

화살표와 같이 5코째의 사슬코에 바늘을 넣어 짧은뜨기 1코를 뜬다.

긴뜨기 1코를 뜬다.

한길긴뜨기 1코를 뜬다.

긴뜨기 1코를 뜬다.

짧은뜨기 1코를 뜬다.

1단의 2코째 짧은뜨기에 빼뜨기를 한다.

꽃잎 한 장이 완성된 모습.

사슬 6코

계속해서 다음 꽃잎을 같은 방법으로 뜬다.

같은 방법으로 꽃잎을 모두 8장 뜬 다음, 1단의 1코째 짧은뜨기 머리에서 사슬 2겹을 주워 빼뜨기를 한다.

파츠B가 완성된 모습.

▶ 준비물

- 실 _ 하마나카 Paume 《구사키조메》
  연두색(51번) 약간,
  하마나카 Paume 《무쿠와타》
  니트 황갈색(21번) 약간,
  하마나카 Paume 《구사키조메》
  새먼핑크색(53번) 약간
- 용구 _ 코바늘 5/0호
- 완성치수 _ 직경 4.5cm
- 뜨개방법 _ 원형코를 만들어 무늬뜨기로 파츠C를 뜬다.

★ 파츠C의 뜨개방법

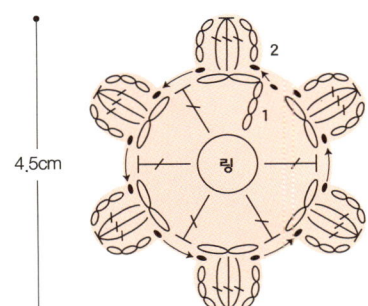

파츠 C 뜨기

시작코 뜨기

원형코를 만든다.

1단 뜨기

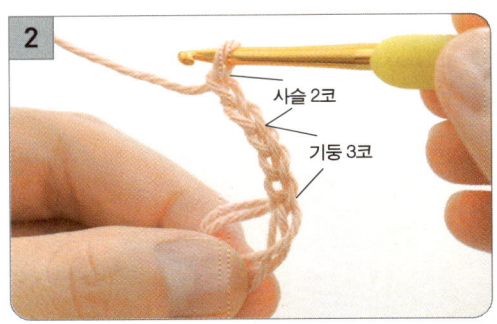

기둥 3코를 뜬 후, 계속해서 사슬 2코를 뜬다.

바늘에 실을 걸고 시작코의 고리에 바늘을 넣어 한길긴뜨기 1코를 뜬다.

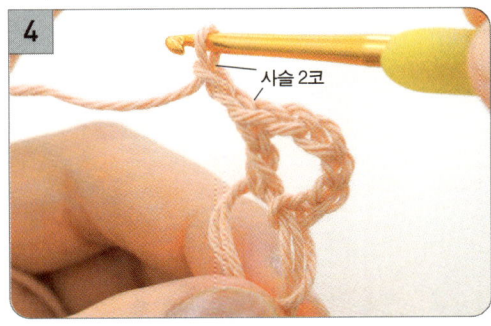

계속해서 사슬 2코를 뜬다.

한길긴뜨기 1코와 사슬 2코를 반복해서 한 바퀴 뜬다.

시작코의 실의 고리를 조여 준 후, 기둥 3코째에 빼뜨기를 한다.

2단 뜨기

화살표와 같이 아랫단의 사슬 2코를 다발에서 주워 빼뜨기를 한다.

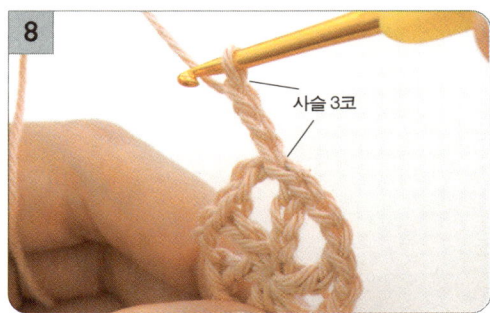

계속해서 사슬 3코를 뜬다.

◆ 한길긴뜨기 3코 구슬뜨기 ⑨~⑪

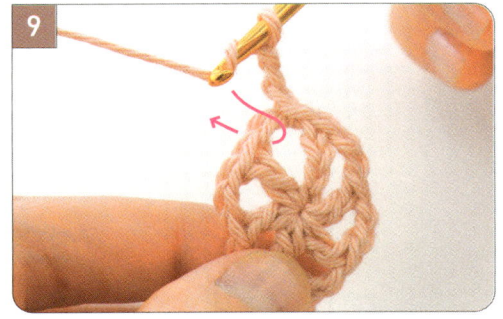

바늘에 실을 걸어 화살표와 같이 바늘을 넣고, 미완성의 한길긴뜨기(p.52의 '한길긴뜨기 4코 구슬뜨기' 참조)를 뜬다.

같은 방법으로 미완성의 한길긴뜨기를 2코 더 뜬다.

바늘에 실을 걸어 한꺼번에 빼내면 한길긴뜨기 3코 구슬뜨기가 완성된다.

계속해서 사슬 3코를 뜬다.

화살표와 같이 다발에서 주워 빼뜨기를 한다.

꽃잎 한 장이 완성된 모습. 같은 방법으로 꽃잎을 5장 더 뜬다.

파츠C가 완성된 모습.

▶ **준비물**

- 실 _ 하마나카 Paume 《구사키조메》
  연두색(51번) 약간,
  하마나카 Paume 《무쿠와타》
  니트 황갈색(21번) 약간, 하마나카
  Paume 《구사키조메》
  새먼핑크색(53번) 약간
- 용구 _ 코바늘 5/0호
- 완성치수 _ 직경 3cm
- 뜨개방법 _ 원형코를 만들어 무늬뜨기로 파츠D를 뜬다.

★ **파츠D의 뜨개방법**

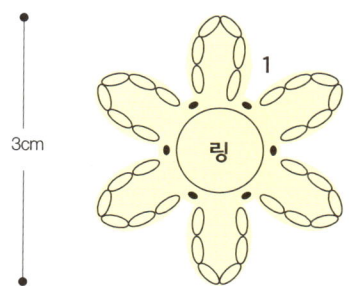

 파츠 C 뜨기

1단 뜨기

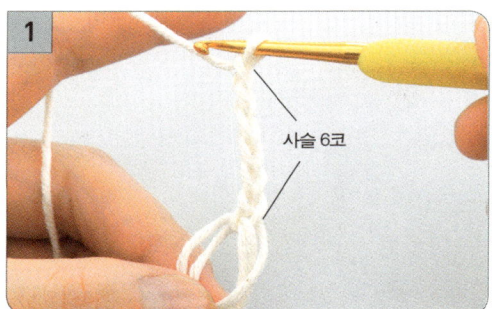

원형코를 만든 후 사슬 6코를 뜬다.

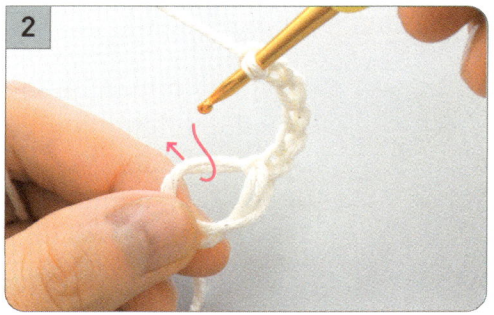

시작코의 고리에 화살표와 같이 바늘을 넣는다.

바늘에 실을 걸어 화살표와 같이 빼낸다.

사슬 6코와 빼뜨기를 반복해서 한 바퀴 뜬 후, 시작코의 실의 고리를 조여 준다.

파츠D의 완성 모습.

▶▶ 준비물

· 실 _ 하마나카 Paume 《구사키조메》
  연두색(51번) 약간,
  하마나카 Paume 《무쿠와타》
  니트 황갈색(21번) 약간,
  하마나카 Paume 《구사키조메》
  새먼핑크색(53번) 약간

· 용구 _ 코바늘 5/0호

· 완성치수 _ 3.5×2.5cm

· 뜨개방법 _ 원형코를 만들어 무늬뜨기로 파츠E를 뜬다.

★ 파츠 E의 뜨개방법

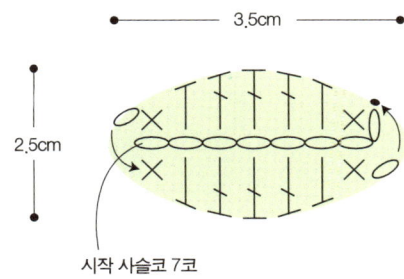

파츠 E 뜨기

사슬뜨기의 시작코로 7코를 만든다.

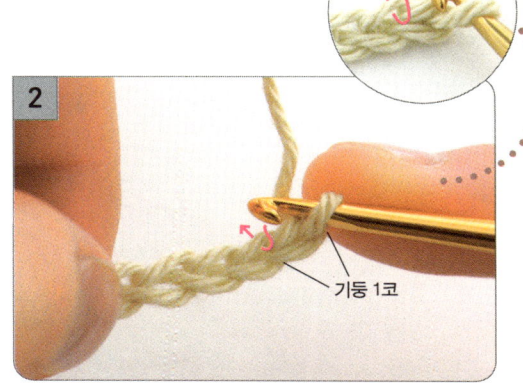

계속해서 기둥 1코를 뜬 후, 시작코의 사슬 7코째에 바늘을 넣어 짧은뜨기를 한다.

그림을 참조해서 긴뜨기 1코, 한길긴뜨기 3코, 긴뜨기 1코, 짧은뜨기 1코를 시작코의 사슬에 떠 넣는다.

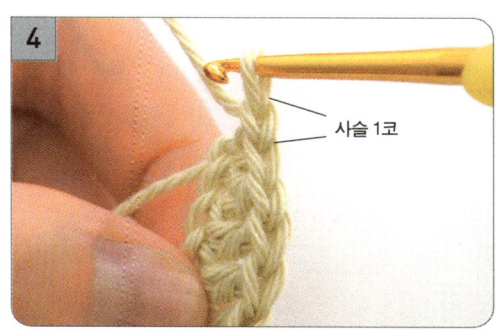

계속해서 사슬 1코를 뜬다.

방향을 바꾼 후, 시작코 사슬의 남은 1겹을 주워 짧은뜨기 1코를 뜬다.

반대쪽과 같은 방법으로 긴뜨기 1코, 한길긴뜨기 3코, 긴뜨기 1코, 짧은뜨기 1코를 뜬다.

사슬 1코

사슬 1코를 뜬 후, 마지막으로 기둥코에 바늘을 넣어 빼뜨기를 한다.

파츠E가 완성된 모습.

꽃 장식 라리에트

꽃 모양 파츠가 달린 라리에트는 파츠를 끈의 양면에 달아서
겉과 안이 따로 구별되지 않는 디자인입니다.
끈의 끝부분에 단 뜨개구슬도 깜찍함을 더해줍니다.

▶ 준비물

- 실 _ 하마나카 Paume 《이로와타》
  베이지색(31번) 7g,
  하마나카 Paume 《구사키조메》
  새먼핑크색(53번) 5g,
  연두색(51번) 3g, 담녹색(52번) 3g

- 용구 _ 코바늘 5/0호, 7/0호
- 완성치수 _ 길이 123cm
- 뜨개방법
  ① 사슬뜨기로 시작코를 만들어 빼뜨기로 끈을 뜬다.
  ② 원형코를 만들어 무늬뜨기로 파츠A · C · D를 지정 장수만큼 뜬다.
  ③ 원형코를 만들어 뜨개구슬을 2개 뜬다.
  ④ 파츠A · C · D, 뜨개구슬을 끈에 단다.

※라리에트(lariet)는 '묶는다' 는 의미로, 목 앞쪽에서 묶어서 고정하며 머플러처럼 자유자재로 응용할 수 있는 길이가 긴 목걸이를 일컬음.

★ 끈의 뜨개방법

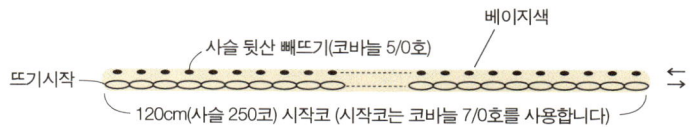

※파츠A · C · D의 뜨개방법은 p.102~111 참조.

★ 파츠A의 뜨개방법(1장)

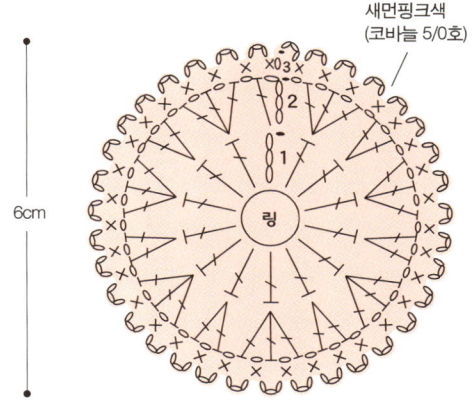

★ 파츠 C의 뜨개방법(1장)

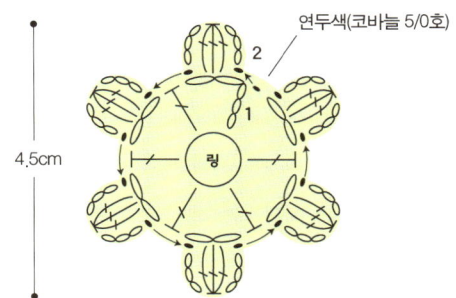

★ 파츠 D의 뜨개방법

3cm

1
링

베이지색
연두색   각 2장
담녹색   (코바늘 5/0호)
새먼핑크색

★ 뜨개구슬 뜨기

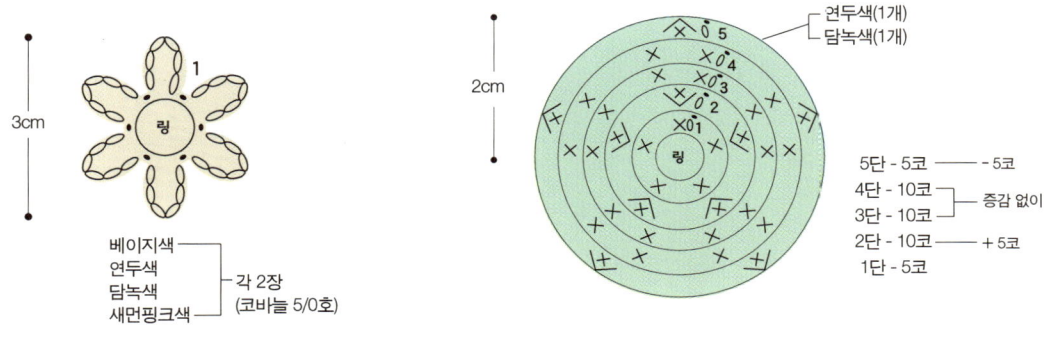

연두색(1개)
담녹색(1개)

2cm

5단 - 5코 ── -5코
4단 - 10코 ┐
3단 - 10코 ┘ 증감 없이
2단 - 10코 ── +5코
1단 - 5코

라리에트 만들기

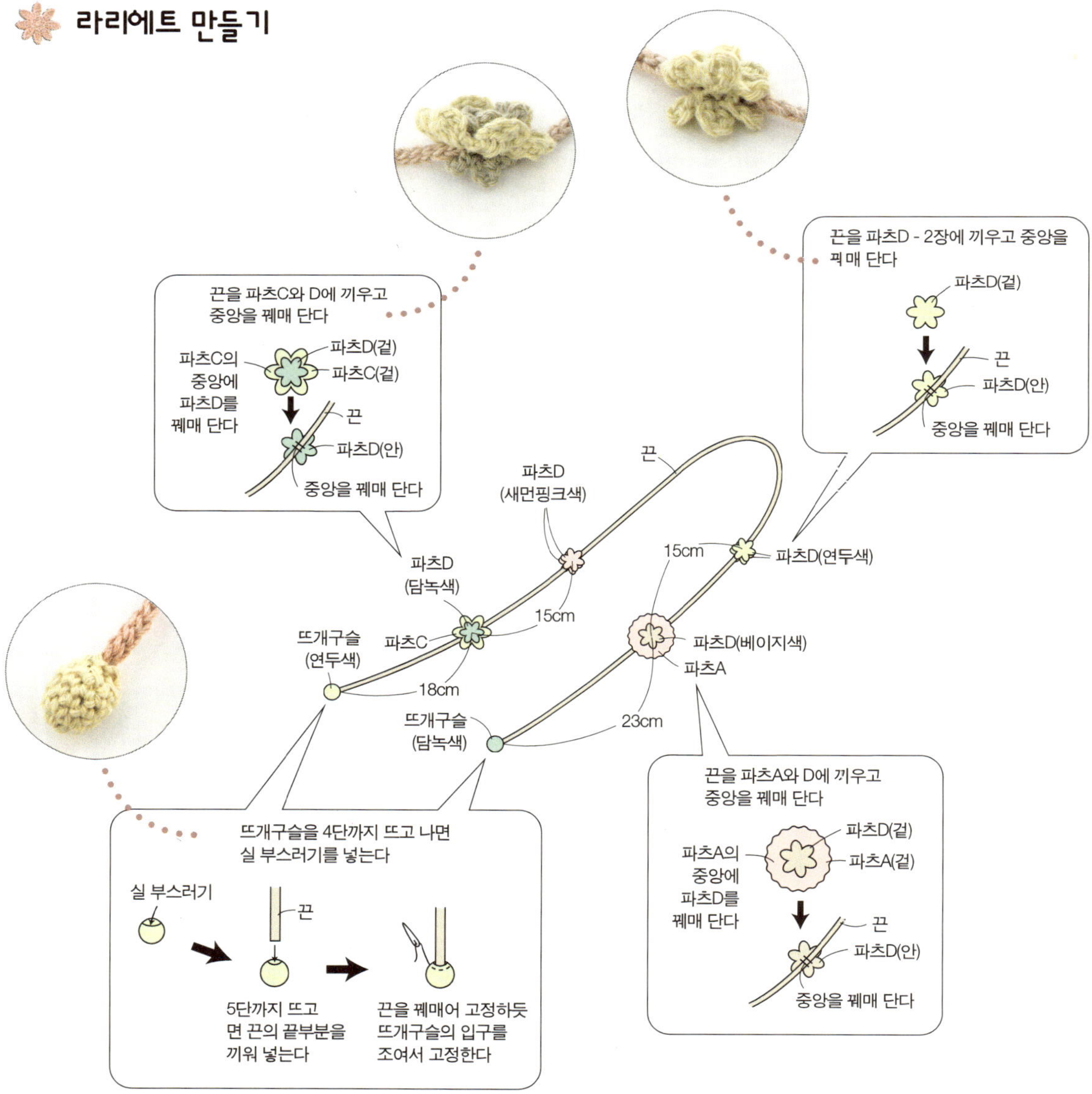

끈을 파츠C와 D에 끼우고 중앙을 꿰매 단다

파츠C의 중앙에 파츠D를 꿰매 단다

파츠D(겉)
파츠C(겉)
↓
끈
파츠D(안)
중앙을 꿰매 단다

끈을 파츠D - 2장에 끼우고 중앙을 꿰매 단다

파츠D(겉)
↓
끈
파츠D(안)
중앙을 꿰매 단다

파츠D (새먼핑크색)
끈
파츠D (담녹색)
파츠C
파츠D(연두색)
15cm
15cm
파츠D(베이지색)
파츠A
뜨개구슬 (연두색)
18cm
뜨개구슬 (담녹색)
23cm

끈을 파츠A와 D에 끼우고 중앙을 꿰매 단다

파츠A의 중앙에 파츠D를 꿰매 단다

파츠D(겉)
파츠A(겉)
↓
끈
파츠D(안)
중앙을 꿰매 단다

뜨개구슬을 4단까지 뜨고 나면 실 부스러기를 넣는다

실 부스러기
끈
→   →
5단까지 뜨고 나면 끈의 끝부분을 끼워 넣는다
끈을 꿰매어 고정하듯 뜨개구슬의 입구를 조여서 고정한다

슈슈 & 꽃 모양 헤어핀

프릴이 많이 달려있어 귀여운 디자인의 슈슈와 여성스러운 꽃 모양 헤어핀입니다. 1, 2의 슈슈는 p.102의 파츠A를 응용해서 만들었고, 헤어핀은 두 종류의 파츠를 겹쳐서 만들었습니다. 3은 B와 D, 4는 C와 D의 파츠를 사용했습니다.

▶ 준비물

- 실 _ 하마나카 Paume 《하니조메》
  ① 분홍색(44번) 10g
  ② 회색(45번) 10g
- 부재료 _ 고무줄 각 1개(굵기 4mm 직경 약 4.5cm)
- 용구 _ 코바늘 5/0호
- 완성치수 _ 외경 약 10cm
- 뜨개방법
  ① 1단은 고무줄에 한길긴뜨기를 뜬다.
  ② 2~3단은 무늬뜨기로 뜬다.

★ 슈슈의 뜨개방법

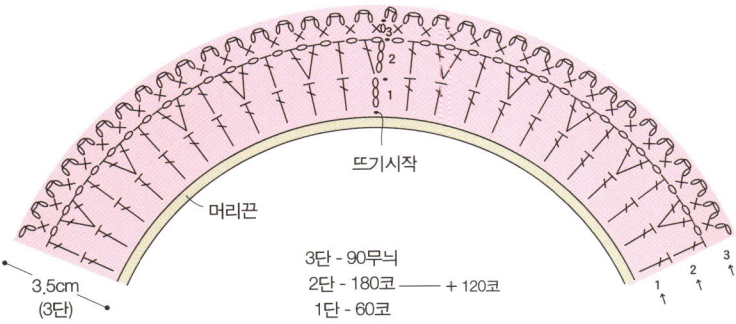

※ 무늬뜨기의 뜨거방법은 p.102 파츠A의 뜨개방법 참조.

뜨기시작
머리끈
3.5cm (3단)
3단 - 90무늬
2단 - 180코 ── + 120코
1단 - 60코

1단

※ 2·3단은 뜨개방법 그림을 참조해서 뜬다.

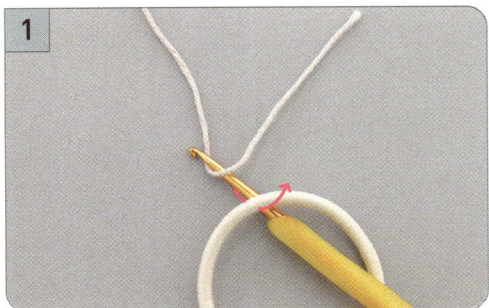

머리끈의 고리 안쪽에 바늘을 넣고, 실을 걸어 화살표와 같이 빼낸다.

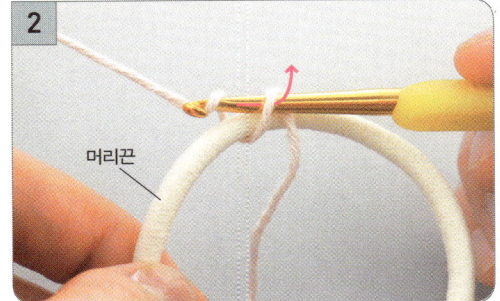

머리끈

바늘에 실을 걸어 빼낸다.

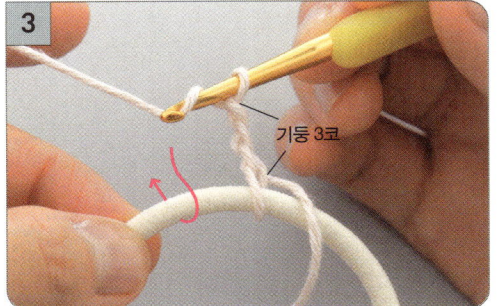

기둥 3코

계속해서 기둥 3코를 뜬 후, 바늘에 실을 걸고 화살표와 같이 바늘을 넣어 한길긴뜨기를 한다.

한길긴뜨기 1코가 완성된 모습. 같은 방법으로 한길긴뜨기를 58코 더 떠서 한 바퀴를 완성한 후, 마지막은 기둥 3코째에 빼뜨기를 한다.

▶ 준비물

- 실 _ 하마나카 Paume 《무쿠와타》
  크로쉐 황갈색(1번) 각 약간,
  하마나카 Paume 크로쉐《구사키조메》
  연보라색(74번) 각 약간
- 부재료 _ 헤어핀 각 1개
- 용구 _ 바늘 2/0호
- 완성치수 _ ① 파츠 직경 4.5cm
              ② 파츠 직경 3.5cm
- 뜨개방법
  ① 원형코를 만들어 1은 파츠B · D,
     2는 파츠C · D를 무늬뜨기로 뜬다.
  ② 파츠를 겹친 후, 중앙을 꿰매어 잇는다.
  ③ 헤어핀을 단다.

★ 파츠B의 뜨기

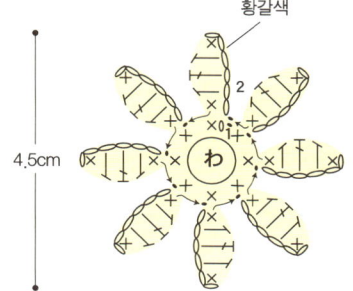

★ 파츠D의 뜨기

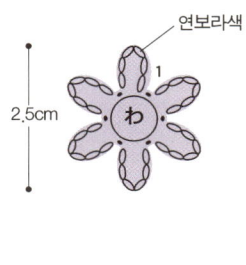

헤어핀 3 만들기

파츠B에 파츠D를 겹친 후, 중앙을 꿰매 단다.

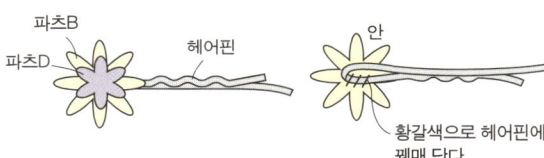

※ 파츠B, C, D의 뜨개방법은 p.105~111 참조.

★ 파츠C의 뜨기

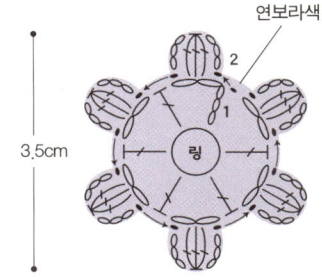

★ 파츠D의 뜨기

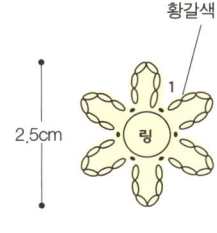

헤어핀 4 만들기

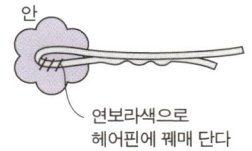

여성스러운 헤어핀 & 코사지

여성스러움이 물씬 풍기는 풍성한 느낌의 헤어핀과 귀엽고 아기자기한 코사지입니다. 1, 2의 헤어핀은 p.102의 파츠A 3장을 합쳐서 만들었습니다. B~E의 파츠를 매치한 3, 4의 코사지는 부드러운 색으로 만들었습니다.

▶ 준비물

- 실 _ 하마나카 Flax C
  ① 황갈색(1번) 7g
  ② 베이지색(2번) 7g
- 부재료 _ 헤어핀 각 1개
- 용구 _ 코바늘 3/0호
- 완성치수 _ 직경 6cm
- 뜨개방법
  ① 파츠A와 토대가 되는 파츠를 지정 장수만큼 뜬다.
  ② 파츠A 3장의 밑부분을 모은다.
  ③ 파츠A에 토대가 되는 파츠를 단다.
  ④ 헤어핀을 단다.

★ 파츠A의 뜨개방법(3장)

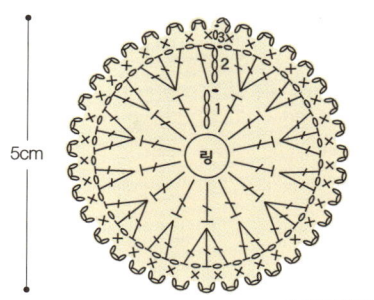

※ 파츠A의 뜨개방법은 p.102 참조.

★ 토대가 되는 파츠의 뜨개방법(1장)

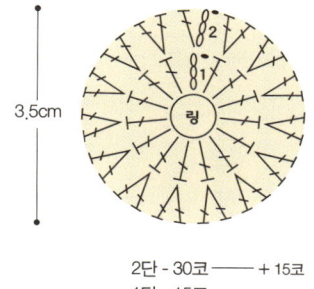

2단 - 30코 ——— + 15코
1단 - 15코

 헤어핀 만들기

① 파츠A-3장의 밑부분을 모은다.

② 파츠A를 세 방향으로 눕히고 토대를 단다.

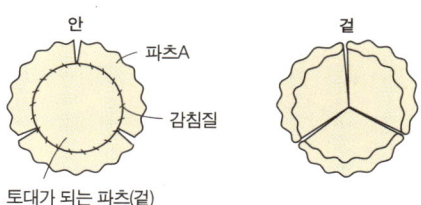

③ 토대에 헤어핀을 단다.

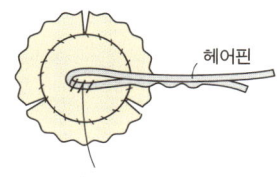

▶ 준비물

- 실 _ 하마나카 오가닉 울 필드
  ① 회녹색(4번) 약간, 하늘색(5번) 약간, 연보라색(6번) 약간
  ② 황갈색(1번) 약간, 분홍색(7번) 약간, 진분홍색(8번) 약간
- 부재료 _ 코사지핀 각 1개
- 용구 _ 코바늘 5/0호
- 완성치수 _ 직경 6cm
- 뜨개방법
  ① 파츠B · C · D · E와 토대가 되는 파츠를 지정 장수만큼 뜬다.
  ② 파츠B~E를 꿰매어 잇는다.
  ③ 토대가 되는 파츠를 단다.
  ④ 코사지핀을 단다.

★ 파츠B의 뜨개방법(1장)

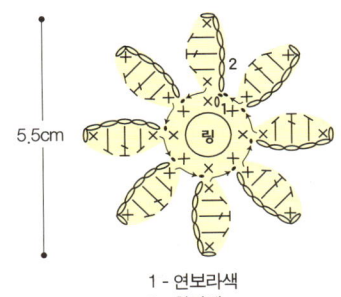

1 - 연보라색
2 - 황갈색

★ 파츠C의 뜨개방법(1장)

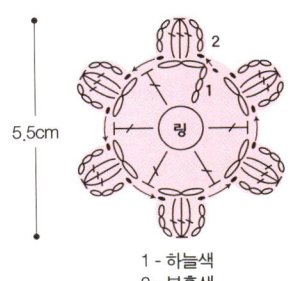

1 - 하늘색
2 - 분홍색

★ 토대가 되는 파츠의 뜨개방법(1장)

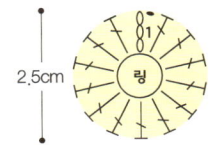

1 - 연보라색
2 - 황갈색

★ 파츠D의 뜨개방법(1장)

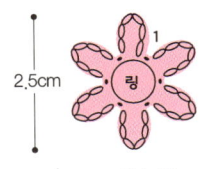

1 - 연보라색
2 - 진분홍색

★ 파츠E의 뜨개방법

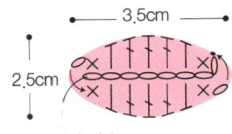

시작 사슬코 7코

1 - 회녹색(2장)
2 - 진분홍색 · 분홍색(각 1장)

※ 파츠B~E의 뜨개방법은 p.105~113 참조.

코사지 만들기

① 파츠 B · C · D를 겹쳐서 중앙을 고정한다.

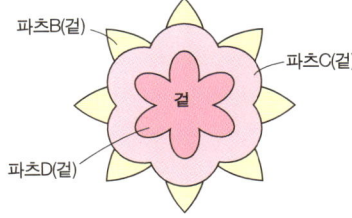

파츠B(겉)
파츠C(겉)
파츠D(겉)

② ①의 안쪽에 파츠C를 단다.

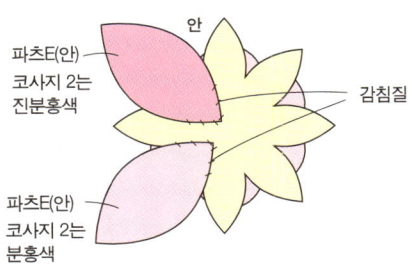

파츠E(안)
코사지 2는 진분홍색
감침질
파츠E(안)
코사지 2는 분홍색

③ 토대가 되는 파츠를 단다.

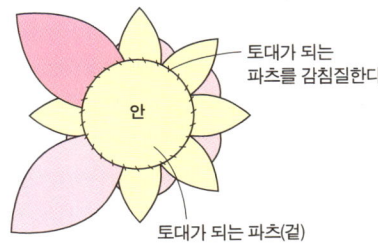

토대가 되는 파츠를 감침질한다
토대가 되는 파츠(겉)

④ 코사지핀을 단다.

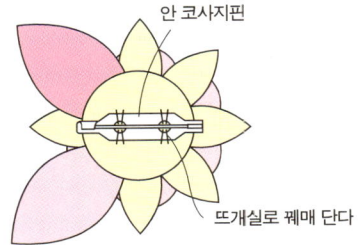

안 코사지핀
뜨개실로 꿰매 단다

포근한 느낌의 북 커버

소녀 같은 분위기가 감도는 옅은 색상의 북 커버.
한길긴뜨기로 본판을 뜬 후, 장식으로 파츠를 달았습니다.
가름끈 끝에도 꽃을 달아 더욱 귀엽습니다.

▶ 준비물

· 실 _ 하마나카 Paume《하니조메》
    회색(45번) 35g, 담갈색(42번) 약간,
    코랄핑크색(43번) 약간

· 용구 _ 코바늘 5/0호

· 완성치수 _ 26×15.5cm
    (펼쳐진 상태의 치수)

· 뜨개방법
  ① 사슬뜨기의 시작코로 코를 만들어
     한길긴뜨기로 북 커버를 뜬다.
  ② 북 커버의 양옆에 짧은뜨기를 한다.
  ③ 북 커버를 접어 위아래에 가장자리
     뜨기를 한다.
  ④ 원형코를 만들어 파츠B · D를 지정
     장수만큼 뜬다.
  ⑤ 사슬뜨기의 시작코로 코를 만들어
     빼뜨기로 끈을 떠서 가름끈(북마크)을
     만든다.
  ⑥ 북 커버에 파츠를 단다.

★ 북 커버

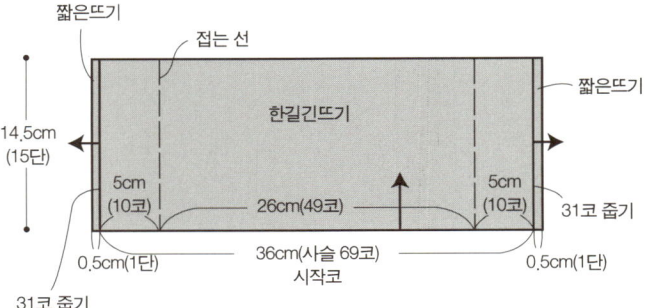

★ 뜨개방법

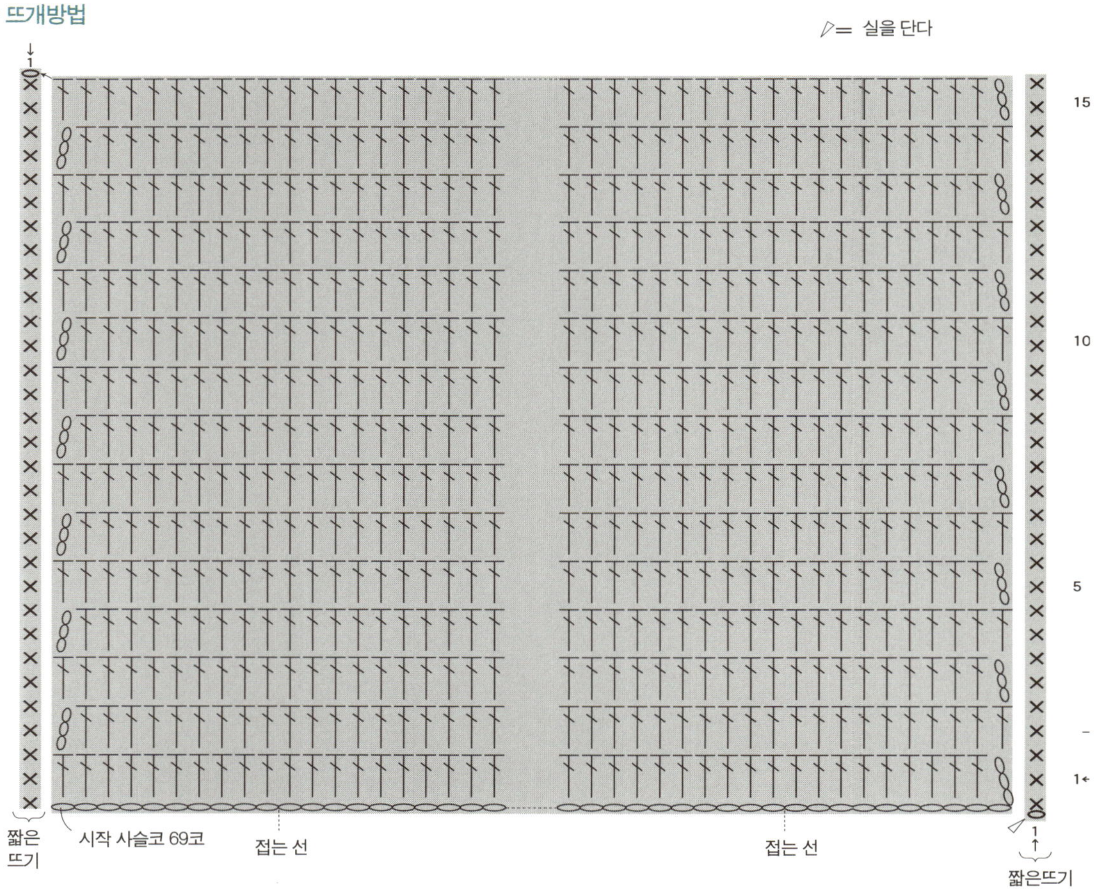

★ 가장자리뜨기

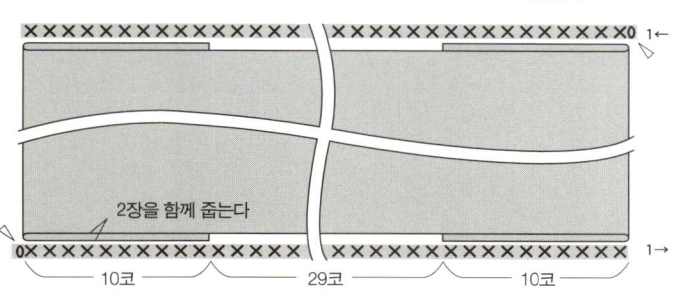

★ 파츠B 뜨기

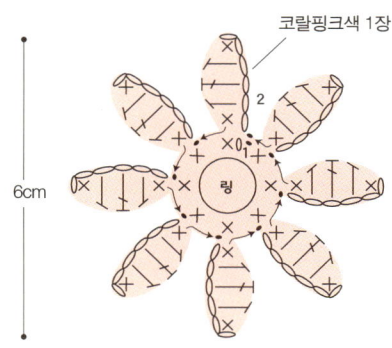

★ 끈 뜨기

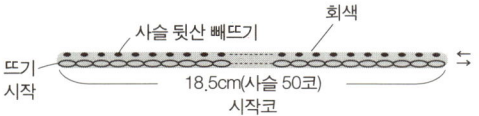

★ 파츠D 뜨기

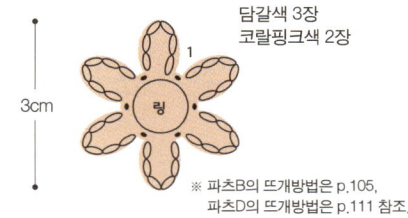

※ 파츠B의 뜨개방법은 p.105, 파츠D의 뜨개방법은 p.111 참조.

★ 마무리하기

① 북 커버를 접는 선을 따라 접은 후, 위아래에 가장자리뜨기를 한다.

② 가름끈을 만들어 북 커버에 단다.

③ 파츠B·D를 북 커버에 단다.
※ 다는 방법은 p.41의 '모티브를 본판에 다는 방법' 참조

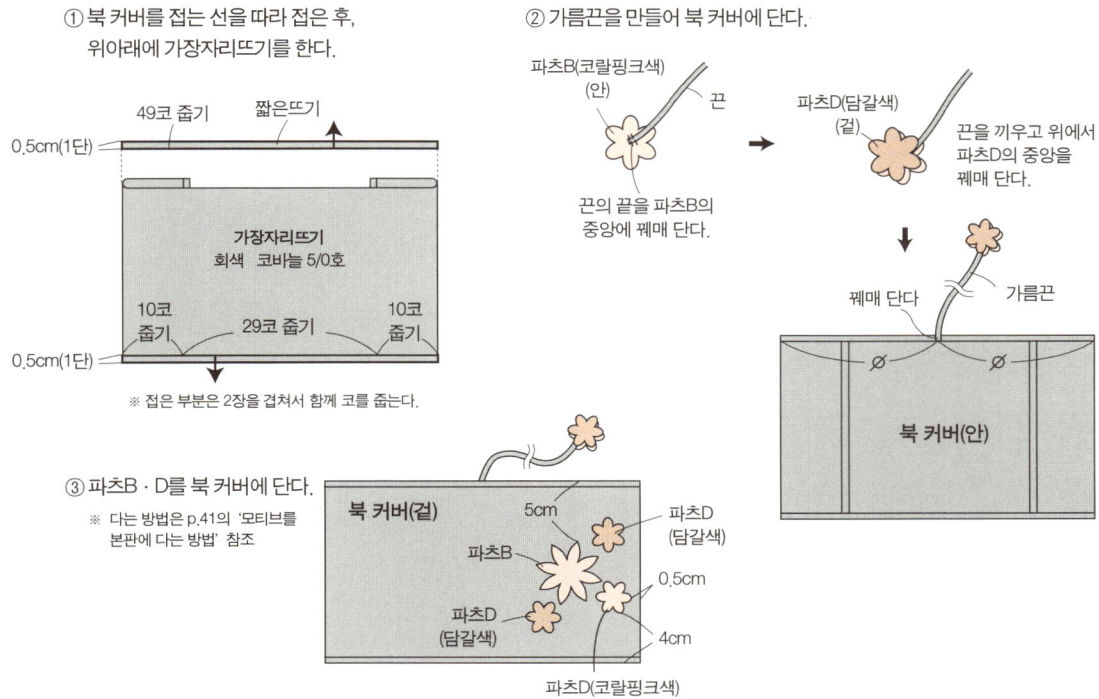

심플 연필케이스

짧은뜨기로 뜬 연필케이스에 파츠를 달아 장식했습니다. 1은 베이지 단색으로 심플하게, 2는 파란색 본판에 회색 파츠를 달았습니다. 파츠의 색상을 바꿔 뜨면 또다른 느낌이 듭니다.

▶ 준비물

- 실 _ 하마나카 Cotton Tweed Charkha
  ① 베이지색(2번) 30g
  ② 파란색(4번) 25g, 회색(3번) 약간
- 용구 _ 코바늘 5/0호
- 완성치수 _ 22.5×7.5cm
- 뜨개방법
  ① 사슬뜨기로 시작코를 만들어 짧은뜨기로 연필케이스를 뜬다.
  ② 파츠C·D·E를 지정 장수만큼 뜬다.
  ③ 연필케이스에 지퍼를 단다.
  ④ 연필케이스에 파츠C~E를 단다.

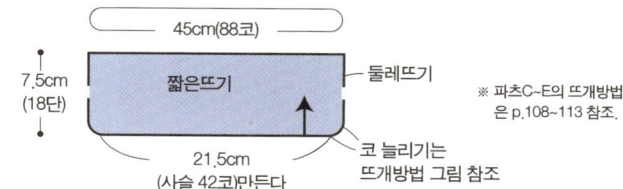

※ 파츠C~E의 뜨개방법은 p.108~113 참조.

★ 파츠C 뜨기(1장)   ★ 파츠D 뜨기(1장)

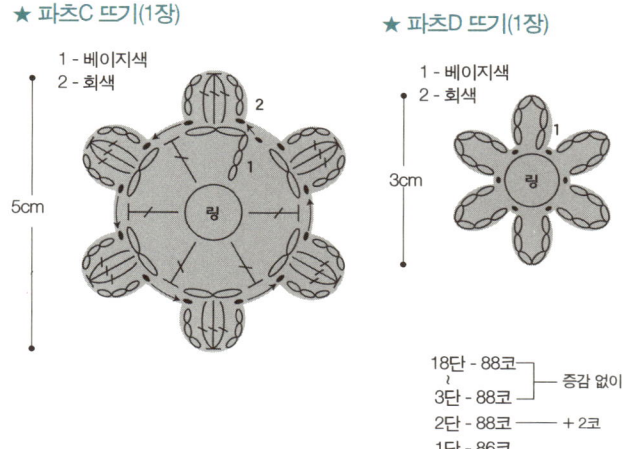

1 - 베이지색
2 - 회색

18단 - 88코 ─ 증감 없이
3단 - 88코
2단 - 88코 ─ +2코
1단 - 86코

★ 파츠E 뜨기(1장)

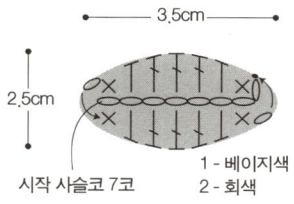

시작 사슬코 7코
1 - 베이지색
2 - 회색

★ 연필케이스

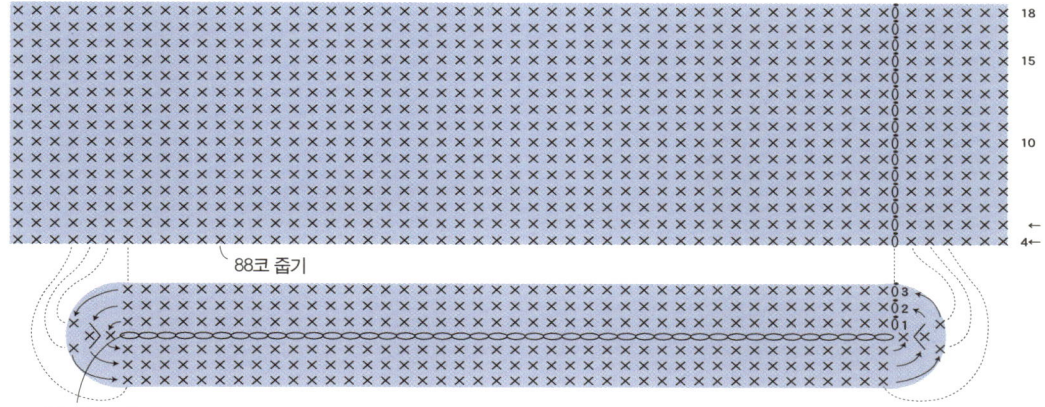

88코 줍기

시작 사슬코 42코

🌸 심플 연필케이스의 뜨개방법

① 연필케이스의 입구에 지퍼를 단다.

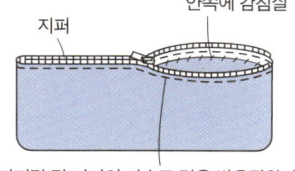

지퍼 / 안쪽에 감침질
가장 마지막 단 머리의 사슬코 밑을 박음질한다

② 파츠C·D·E를 연필케이스에 꿰매 단다.

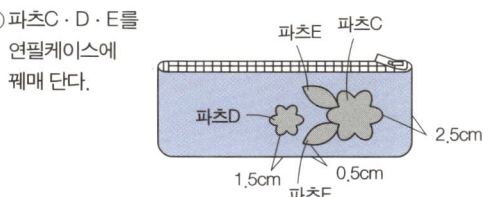

파츠E   파츠C
파츠D
1.5cm 0.5cm   2.5cm
파츠E

※ 다는 방법은 p.73의 '모티브를 본판에 다는 방법' 참조

브레이드

브레이드는 갖고 있는 아이템에 꿰매 달거나 가장자리 장식에 사용하면 멋스러운 포인트가 됩니다.
달고 싶은 아이템에 맞추어 마음에 드는 실로 떠 보세요.

1

2

3

▶ **준비물**

· 실 _ 하마나카 Paume 《하니조메》
　브레이드 1 - 담갈색(42번) 약간
　브레이드 2 - 크림색(41번) 약간
　브레이드 3 - 회색(45번) 약간

· 용구 _ 코바늘 4/0호

· 완성치수 _ 브레이드 1 - 1.5×19.5cm
　　　　　　브레이드 2 - 2.5×19.5cm
　　　　　　브레이드 3 - 3×19.5cm

· 뜨개방법 _ 사슬뜨기로 시작코를 만들어
　　　　　　무늬뜨기로 브레이드를 뜬다.

※브레이드(braid, 실 등으로 납작하게 땋거나 꼬아서 만든 테이프 모양의 끈으로, 옷이나 커튼 등의 장식에도 쓰임.)

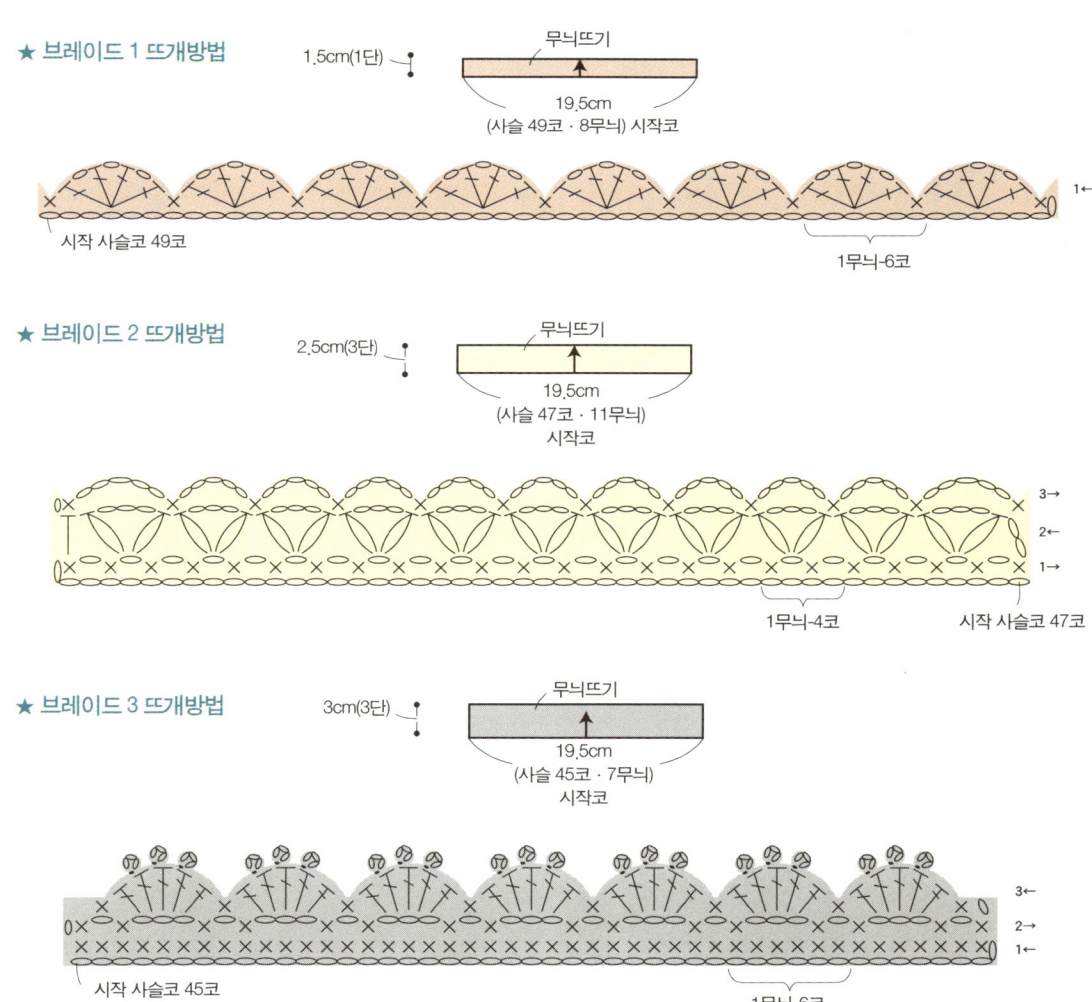

브레이드 2 뜨기

1단 뜨기

사슬뜨기의 시작코로 47코를 만든다.

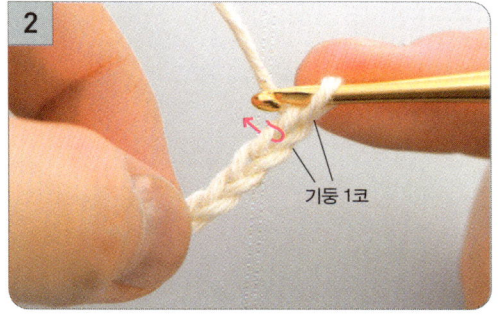

기둥 1코를 뜬 후, 시작코의 사슬 47코째에 바늘을 넣어 짧은뜨기를 뜬다.

계속해서 사슬 1코를 뜬다.

사슬 1코를 건너뛰고 다음 코에 바늘을 넣어 짧은뜨기를 한다.

사슬 1코와 짧은뜨기 1코를 반복해서 뜬다.

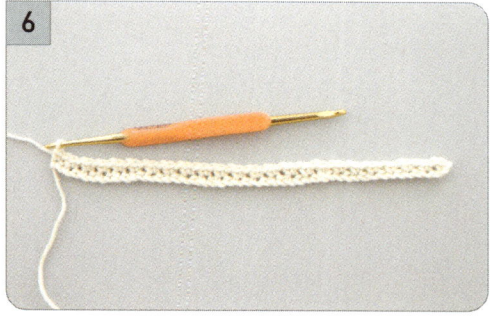

1단이 완성된 모습.

2단 뜨기

기둥 2코를 뜬다.

바늘에 실을 걸고 화살표와 같이 다발에서 주워 긴뜨기 2코 구슬뜨기를 뜬다.

계속해서 사슬 3코를 뜬다.

바늘에 실을 걸고, 앞서 뜬 긴뜨기 2코 구슬뜨기와 같은 곳에 바늘을 넣어 1코 더 긴뜨기 2코 구슬뜨기를 뜬다.

1무늬가 완성된 모습.

무늬를 반복해서 뜬 후, 마지막은 긴뜨기 1코를 뜬다. 2단이 완성된 모습.

3단 뜨기

기둥 1코를 뜬다.

아랫단의 긴뜨기 머리에서 사슬 2겹을 주워 짧은뜨기 1코를 뜬다.

계속해서 사슬 5코를 뜬다.

다음의 짧은뜨기는 화살표와 같이 아랫단의 구슬뜨기와 구슬뜨기의 사이에 바늘을 넣어 짧은뜨기를 뜬다.

사슬 5코와 짧은뜨기 1코를 반복한다.

3단이 완성된 모습. 2단째가 겉이 되는 방향을 겉쪽으로 한다.

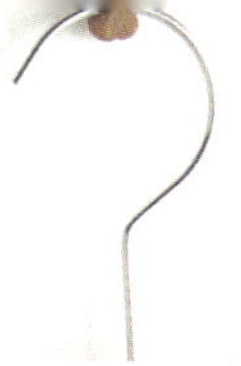

브레이드 캐미솔 & 장식 가방

자주 입는 옷이나 가방이 싫증났다면 브레이드를 달아 살짝 리폼을 해보면 어떨까요? 가방에는 브레이드2를, 캐미솔에는 브레이드3을 달아 장식했습니다.

▶▶ 준비물

- 실 _ 캐미솔 - 하마나카 Paume《하니조메》회색(45번) 약 7g
  가방 - 하마나카 Paume《하니조메》크림색(41번) 약 10g
- 부재료 _ 캐미솔, 가방(폭 28cm / 바닥면 없음)
- 용구 _ 코바늘 4/0호
- 완성치수 _ 캐미솔 - 35-56×2.5cm
  가방 - 25×3cm
- 뜨개방법
  - 캐미솔
    ① 사슬뜨기로 시작코를 만들어 무늬뜨기로 브레이드3을 뜬다.
    ② 브레이드를 캐미솔에 단다.
  - 가방
    ① 사슬뜨기로 시작코를 만들어 무늬뜨기로 브레이드2를 뜬다.
    ② 브레이드의 옆 부분을 이어서 원형이 되게 한다.
    ③ 브레이드를 가방에 단다.

 브레이드 장식 캐미솔

★ 브레이드 3

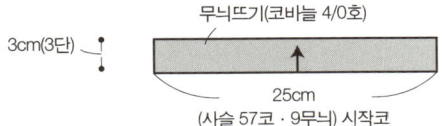

※ p.129의 브레이드3의 뜨개방법 그림을 참조해서 콧수를 바꾸어 뜬다.

★ 브레이드 다는 방법

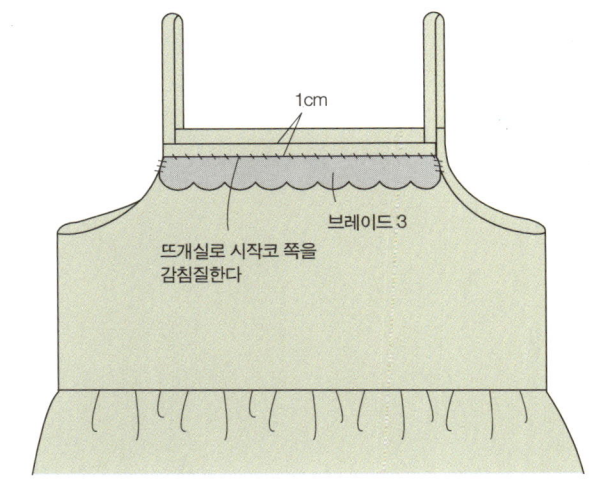

 브레이드 장식 가방

★ 브레이드 2

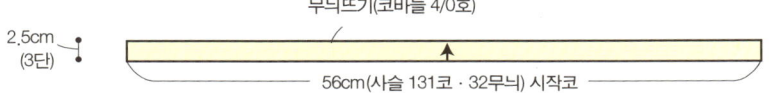

※ p.129의 브레이드2의 뜨개방법 그림을 참조해서 콧수를 바꾸어 뜬다.

★ 브레이드 다는 방법

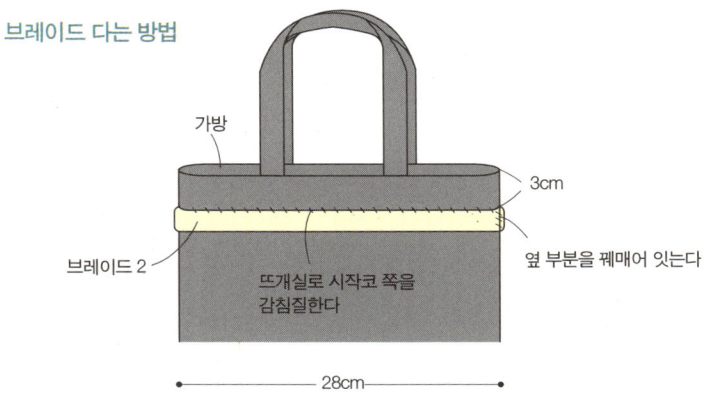

장미 코사지

브레이드를 말아서 응용하면 새로운 소품으로 탄생합니다.
브레이드1을 길게 뜬 후, 돌돌 말아주면 장미 모양의
멋스러운 코사지를 만들 수 있습니다.

▶ 준비물

- 실 _ 하마나카 Flax K
    ① 담갈색(13번) 7g
    ② 황갈색(11번) 7g
- 부재료 _ 코사지핀(30mm) 각 1개
- 용구 _ 코바늘 5/0호
- 완성치수 _ 직경 6cm
- 뜨개방법
① 브레이드1과 토대가 되는 파츠를 뜬다.
② 브레이드1을 말아 준 후, 밑부분을 꿰매어 고정한다.
③ 토대가 되는 파츠를 단다.
④ 코사지핀을 단다.

★ 토대가 되는 파츠의 뜨기

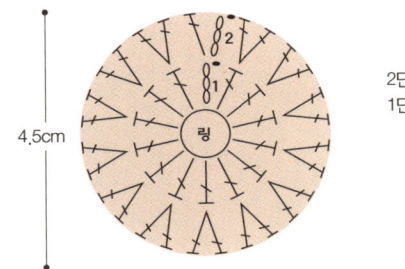

2단 - 28코 ──── + 14코
1단 - 14코

★ 브레이드 1 뜨기

※ 브레이드1은 p.129의 브레이드a의 뜨개방법 그림을 참조해서 콧수를 바꾸어 뜬다.

1.5cm (1단)
무늬뜨기
45cm(사슬 91코 · 15무늬)만든다

🌸 장미 코사지 만들기

① 브레이드1을 바깥쪽이 겉으로 오도록 돌돌 말아준다.

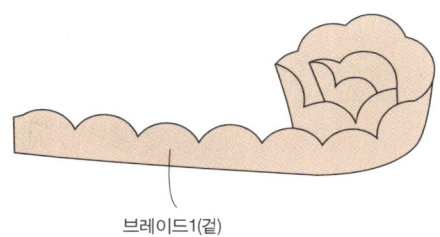

브레이드1(겉)

② 말아 놓은 브레이드를 꽃 모양으로 꿰매어 고정한다.

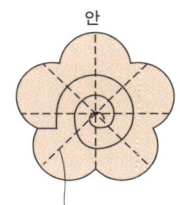

방사선 모양으로 꿰매어 고정한다.

③ 토대가 되는 파츠를 단다.

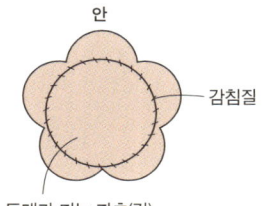

감침질
토대가 되는 파츠(겉)

④ 코사지핀을 단다.

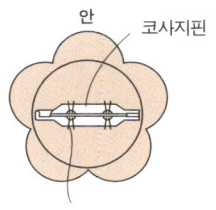

코사지핀
뜨개실로 꿰매 단다.